모줌다,
왕국의 비밀

모줌다 지음   이상민 옮김

서른세개의 계단

옮긴이 : 이상민

한양대 법학과 졸업. 2007년 '서른세개의 계단 출판사'를 설립하고, 네빌 고다드의 저작을 비롯해, 실천적 형이상학 관련 도서를 번역하여 출간하고 있다. 주요 역서로는 [네빌고다드 5일간의 강의] [세상은 당신의 명령을 기다리고 있습니다] [믿음으로 걸어라] [웨이아웃] 등이 있다.

서른세개의 계단

사색에만 빠진 철학은 삶과의 괴리를 만들고, 현실의 이익에만 눈을 돌린 자기계발은 삶의 의미를 잃고 방황하게 만듭니다. 그래서 실천적인 형이상학, 즉 현실에 도움이 되면서 삶의 의미를 명확하게 할 수 있는 책을 발간하고자 하는 것이 서른세개의 계단 출판사 목표입니다. 계속 좋은 책을 발간하도록 노력하겠습니다.

http://33steps.kr

모줌다,
왕국의 비밀

Mystery of the Kingdom

&

Today and Tomorrow

Akhoy Kumar Mozumdar

1864–1953

운명론자가 되라.
'일어날 일이 일어날 것이다'라는 생각에서
단 한 순간도 시선을 놓치지 말라.
그러면 그 일은 가장 최선의 방법으로 일어날 것이다.

긍정적이고 진실하며 선한 결과는 반드시 이루어진다.
그 운명에서 절대 벗어날 수 없다.

걱정과 두려움으로 인해
이 긍정적인 확신을 잠시간 내려둘 수는 있겠지만
운명을 거부할 수는 없을 것이다.

이 말을 믿는다면 무엇 때문에 걱정을 하는가?
이 말을 믿는다면
모든 일이 영원히 행복한 결말을 맞을 것이라는 확신을 지닌,
근심으로부터 해방된 마음을 키워보는 것은 어떤가?

Contents

008　모줌다의 생애
018　역자 서문

026 Mystery of the Kingdom

190 Today and Tomorrow
　다시 깨어나다 *196*
　인간이 만들어낸 신들, 그리고 참된 신 *204*
　나 그리고 마음 *214*
　죽은 과거와 살아있는 현재의 신비 *222*
　마음에 일어나는 변화와 마음의 훈련 *226*
　부적과 맹신, 그리고 올바른 이해 위에 세워진 믿음 *236*

인간 그리고 그분의 섭리 *242*

신의 목소리 그리고 마음과 몸을 새롭게 하는 방법 *248*

신의 보호, 그리고 그것을 얻는 방법 *264*

무지개가 놓인 곳을 따라 *266*

그리스도와 새로운 메시지 *274*

합심의 기적 *294*

신성한 운명론 그리고 하나님의 천사들과 함께 하는 법 *302*

모줌다의 생애

　모줌다는 1864년 인도 캘커타에서 세속적인 변호사인 아버지와 자애롭고 영적인 어머니 사이에서 태어났다. 그는 어릴 때부터 허약한 체질로 인해 어머니와 특별한 유대를 형성했고, 자연스럽게 어머니의 영적인 성향을 이어받았다. 그러나 16세가 되던 해, 어머니가 세상을 떠나자 삶과 죽음에 대한 깊은 고민에 빠지게 되었다.

　그런 고민 속에서 그는 한 신사를 만나 삶과 죽음에 대해 이야기를 나누게 된다. 그 신사는 후에 모줌다의 스승이 되는 아룸다였다. 아룸다는 이렇게 말했다. "생명은 영원하기에, 태어남과 죽음은 실재하지 않는다. 우리가 '죽음'이라 부르는 것도 사실은 태어남과 마찬가지로 단지 아름다운 또 다른 경험일 뿐이다."

　짧은 대화 후, 아룸다는 그들이 히말라야의 신의 도시에서 다시 만날 것이라고 예언했다. 그러나 모줌다는 그러한 먼 여정을 떠나는 것이 불가능하다고 생각하며 그와 작별을 했다.

집으로 돌아온 모줌다는 더 이상 어떤 일에도 기쁨을 느끼지 못했고, 삶의 의미를 찾기 위해 아무런 준비 없이 인도의 여러 지역을 방랑하기 시작했다. 우기 동안 비를 피할 곳을 찾아 어느 집에 들어가게 되었는데, 그곳의 가족은 모줌다와 같은 카스트 출신으로 그를 따뜻하게 맞아주었다. 그러나 그 가족이 모줌다를 양자로 맞이하려 하자, 그는 자신이 신을 찾기 위해 떠났는데 다시 세상 속으로 돌아가는 일이 될 것이라 여겨 곧바로 그 집을 떠났다.

수많은 방랑 끝에 모줌다는 결국 아룸다의 예언대로 히말라야의 신의 도시에 도착하게 된다. 아룸다가 처음 말했던 것보다 몇 년이 지난 후였지만, 그들은 재회하게 되었고, 모줌다는 그곳에서 12년 동안 수행했다. 그는 한 수도원의 비서관으로 임명되었고, 이후 중국 사절단으로 파견되었다. 아룸다는 그에게 "이제 이곳을 떠나 미국으로 가서 이 위대한 메시지를 위대한 사람들에게 전파하라"고 명령했다.

모줌다는 미국으로 향하던 도중 하와이에 잠시 머물렀다. 그곳에서 그는 사람들에게 가르침을 전하고 치유를 베풀었으며, 하와이 사람들은 그를 '선한 카호이'라 불렀다. 하와이에는 '선한 카호이'와 '악한 카호이'가 있는데, '선한 카호이'는 치유를 행하고 '악한 카호이'는 흑마술을 사용하는 사람을 의미한다.

하와이 사람들은 모줌다를 무척 좋아하여 먹을 것과 열매를 선물했고, 여성들은 그의 옷을 세탁해 주었다. 어느 날 모줌다의 옷이 사라진 일이 있었는데, 나중에 알고 보니 그들은 모줌다의 옷을 조각내어 목에 걸고 다녔던 것이었다. 모줌다는 하와이 사람들을 좋아했지만, 자신의 사명을 완수하기 위해 시애틀로 가는 배가 도착하자 그들과 이별을 고했다.

시애틀에 도착한 모줌다는 얇은 흰 면 옷만 입고 있어 매서운 추위에 시달렸다. 돈도 없었고, 영어도 전혀 할 줄 몰랐다. 아룸다는 동료 영혼들이 그를 도울 것이라고 예언했지만, 도움의 손길은 어디에도 보이지 않았다. 그러던 중 스웨덴 사람들에게 따뜻한 환대를 받았고, 그곳에서 3년간 영어와 신학을 공부한 후, 내면의 영감을 따라 스포케인으로 향했다.

모줌다는 스포케인에 도착하자마자 지체 없이 사람들에게 강의하고 치유를 베풀기 시작했다. 1905년, 신지학회 시애틀 지부의 제니와 찰스 클리커 부부는 "힌두 형제가 몇 주간 강연을 한다"며 그의 강의에 큰 관심을 보였다. 1905년 3월 3일, 모줌다는 "신과 창조"라는 주제로 강연을 진행했다.

  모줌다는 인도의 깊은 영적 유산을 바탕으로 기독교 사상을 새롭고 놀라운 시각에서 이해하고 있었다. 그는 복잡한 영적 개념들을 쉽고 간결하게 풀어내어 대중이 이해할 수 있도록 설명하는 뛰어난 능력을 지니고 있었다.

  스포케인 사람들은 이 인도인의 생명에 대한 새로운 해석과 실천적 접근법을 환영했다. 그의 일요일 강연은 늘 만석이었으며, 평일에는 모줌다를 찾아오는 이들에게 개인 상담과 치유를 제공했다. 그는 이 모든 서비스를 무료로 제공했지만, 사람들은 감사의 표시로 많은 선물과 기부금을 건네었다.

  그는 이후 '뉴 메시아닉 메시지(New Messianic Message)'를 창설하여 많은 이들에게 가르침을 전파하고 다수의 저서를 남겼다. 그의 강연은 언제나 사람들로 북적

[사진 설명] 왼쪽이 모줌다, 맨 오른쪽이 제자 비트반이다.

였고, 그는 미국 전역을 돌며 수많은 사람들에게 영적인 비전을 제시했다. 그렇게 자신의 사명을 완수한 모줌다는 1953년, 영감을 받은 영혼으로서 이 세상을 떠났다.

그의 가르침의 본질은 우리 모두의 내면에 존재하며, 항상 우리와 하나로 연결된 '신'이다. 모줌다는 모든 종교의 스승과 마스터들을 존경했지만, 서양에서 그의 가르침의 중심은 '성경'이었다. 자신을 단지 육체와 마음의 결합체로 여겨, 삶을 좁고 유한하게 보는 이들에게는 더 큰 비전을 제시해주었으며, 정체와 실패로 인해 좌절한 사람들에게는 마음을 올바르게 사용하는 방법을 통해 원하는 것을 이룰 수 있는 길을 제시했다.

모줌다는 우주를 하나의 생명체로 보았으며, 우리 삶의 모든 과정은 우주의 본래적 완전함이 외부로 드러나는 과정이라고 여겼다. 우리의 행복과 고통 또한 그 본래의 본질로 돌아가기 위한 스스로의 재조정 과정이며 메시지라고 설명했다. 그가 제시한 우주관과 마음을 다루는 실천적 방법은 우리의 좁은 시야를 넓혀 행복과 평화를 가져다줄 위대한 가르침임이 분명하다.

모줌다가 당대의 많은 신사상가들과 철학에 큰 영향을 미쳤다는 사실은 부인할 수 없지만, 오늘날 그의 이름은 많은 이들에게 낯설게 느껴질 것이다. 그는 수많은 저서를 집필하고, 다수의 강연을 열었지만, 처음에는 그의 사상을 이해하기 어려워하는 이들이 많았다. 그러나 시간이 흐르면서 점점 더 많은 사람들이 그의 가르침의 가치를 깨닫기 시작했고, 그가 강조한 '전체성과 일체성'의 메시지는 점차 대중에게 널리 퍼져갔다.

아마도 그의 이름이 그 영향력에 비해 잘 알려지지 않은 이유는 모줌다의 독특한 겸손함 때문일 것이다. 그것은 인위적인 겸손이 아닌, 모든 행위의 원천이 '하나의 생명'이며, 자신은 그 생명이 드러난 표현에 불과하다는 깨달음에서 비롯된 것이었다. 따라서 그는 모든 영광과 성취를 자신의 근원이자 본질인 '하나의 생명'에 돌렸다.

우리 모두는 내면의 성숙과 깨달음을 얻기 위해, 그리고 진정한 행복을 위해 여정을 떠난 여행자들이다. 훌륭한 영적 스승들과 마스터들이 우리의 여정을 돕지만, 우리는 가르침 그 자체가 아닌, 그것을 전하는 교사에게 집중하여 숭배하는 실수를 범하기도 한다. 그렇게 되면 길을 잃기 마련이다.

1915년, 모줌다는 스포케인에서 다음과 같은 글을 남겼다. "스승에 대한 사랑과 헌신은 단지 부수적인 것일 뿐이다. 사람들은 가르침의 통로가 된 스승에게 감사를 표하려는 경향이 있다. 그러나 가르침이 진정한 가치를 지닌다면, 시간이 지날수록 그 지지자들의 헌신과 이상화는 더욱 커질 것이다. 그러면서 점차 스승의 개인적인 면모는 잊혀지고, 가르침 자체가 이상화의 대상이 될 것이다."

모줌다의 이 표현은 어쩌면 예언적일 수 있다. 그의 이름은 현재 거의 잊혀졌지만, 그가 전한 전체성과 일체성의 가르침은 점점 더 많은 사람들에게 받아들여지고 있기 때문이다.

1941년부터 1943년까지 국제 신사상 협회 회장을 지냈던 간츠 박사는 모줌다의 가르침에 대해 이렇게 말했다.

"나는 단순한 이론을 기대했지만, 그의 가르침은 나를 직접 실천하게 만들었다. 하나의 철학을 기대했지만, 실제로 적용 가능한 과학을 만나게 된 셈이었다. 모줌다의 강연 수준은 매우 높아서, 내가 이전에 들어봤던 많은 강의들이 유치원 수준처럼 느껴졌다. 그는 종이 위의 이론을 넘어, 내가 표현할 수 없을 만큼 귀중한 교훈을 내게 주었다."

역자 서문

이 상민

 속상한 일이 있어 얼굴을 잔뜩 찡그리며 집을 나섰다. 이런 기분으로 모줌다 책의 서문을 쓴다는 것이 우스운 일이지만, 일을 빨리 끝내기 위해 커피숍으로 향했다. 그런데 동천 옆을 걸어가고 있을 때 항상 코를 찌르던 하천의 냄새가 아닌 여름을 맞이한 꽃향기가 코로 들어왔다. 마음에 새로운 활력이 솟아나는 것처럼 느껴지면서 갑자기 모줌다의 강의 내용이 생각났다.

 우리는 끝이 어디까지인지도 모를 정도로 광활한 우주 한 가운데에 있다. 그리고 그것들은 얼마나 한 치의 오차 없이 완벽한 질서를 유지한 채 생명을 영위하고 있는가? 만약 약간의 실수라도 있다면 세상의 질서는 모두 깨지고 그야말로 하나도 남김없이 충돌하는 카오스 상태가 될 것이다. 이 넓은 우주 속에 우리 인간은 얼마나 작은 존재인가? 더구나 우리가 붙잡고 있는 문제들은 이 정연한 우주 질서 앞에서는 얼마나 사소하고 보잘것없는 것인가. 그럼에도 불구하고 나는 지금 눈앞의 문제를 세상의 전부인 듯 확대하고 또 확대하며, 마치 우주의 질서조차 내 불협화음을 바로잡을 힘이 없는 것처럼 마음을 그 작은 문제들로 가득 채워버린다.

우리의 마음은 무엇으로도 채울 수 있다고 한다. 사소한 문제를 굴리고 굴려서 그것으로 마음 전부를 가득 채울 수도 있고, 오직 나만을 생각하며 나의 안위와 나의 삶만을 걱정한다면 마음을 전부 나로만 채울 수도 있다. 반면에 사랑이란 강력한 접착제로 하나 둘, 모두 내 마음에 불러들여 그것을 내 안으로 채우기 시작한다면 결국 이 우주 전체도 내 마음 안에 담을 수 있다.

이런 것을 생각하면서 주위를 둘러보기 시작했다. 자연이 펼치는 이 질서와 정돈된 광경들을 마치 처음 보는 듯 호기심 어린 눈으로 두리번거리기 시작했다. 아니 정말 너무나 낯익어서 관심조차 주지 않았던 세상이었지만 이젠 처음으로 이것들을 흥미롭게 보기 시작했다. 이 모든 것의 기원인 하나의 생명이 펼쳐내고 있는 무대를 넋 놓고 바라보았다. 세상과 자연은 항상 나를 지탱해주고 모든 것을 제공해왔지만 나는 한 번도 세상과 자연에 대한 경외심을 갖지 못하고 살면서, 마치 이 작은 육신을 '나'의 전부라고 생각하면서 타인에 대한 소중함이나 자연에 대한 경외심도 잊은 채, 분리되고 작은 시야로 세상을 보며 나는 한 없이 나의 존재 범위를 축소시켜왔다. 그리고 나의 목적만을 바라본 채 지금 펼쳐지고 있는 환상의 교향곡은 듣지 못하고, 그렇게 나의 소유만을 생각하며 삶을 누리는 기능을 잃고 산 것은 아닌가 하는 생각이 들었다. 아니 그랬을 것이다.

현재 세상을 지배하는 기준은 잘못된 기준이라는 모줌다의 말이 생각난다. 그 기준은 아마도 탐욕과 이기심이다. 그 잘못된 기준으로 인하여 인간에 대한, 그리고 삶에 대한, 그리고 생명에 대한 가치는 그만큼 축소되고 말았다. 잘못된 가치는 나의 삶의 방향을 행복과 평화로 이끌지 못할 것이라는 모줌다의 말에 동의할 수밖에 없다.

우리는 늘 무언가를 쌓아두기 위해 살아간다. 그리고 그 목표가 달성되었을 때만 행복해질 수 있다고 믿으며, 주위를 돌아보지 않고 오로지 목적만 바라보고 살 때, 인간의 영혼은 현재를 누릴 수 있는 능력을 서서히 잃고, 모든 것을 마음에 담을 수 있는 힘도 잃어 점점 메말라간다. 이 모든 것이 인간이 삶을 바라보는 잘못된 관점에서 비롯된다고 모줌다는 말한다.

이런 내용들이 기억나면서 더운 날씨인데도 일을 서둘러 마치기 위해 향하던 발걸음을 잠시 멈추고 벤치에 기대어 쉰다. 그리고 불어오는 바람과 따스한 태양을 느끼며 조용히 자연을 살펴보고 있자니 코를 막고 지나갔을 법한 매연

마저도 그리 내 신경을 날카롭게 만들지 않는다.

  그리고 그 고요함과 평화와 행복감으로 인해 나의 좁았던 시야가 일순간에 펑하고 터지는 기분이었다. 이건 말로 표현하기에는 참 부족한 의미일 것이다. 명상의 목적이 마치 어떤 신비한 현상을 내보이는 것처럼 이야기하는 경우도 있지만 진정한 명상은 이렇게 자신의 시야를 확장시켜 자연이 주는 숨은 메시지를 아는 것이 아닐까 한다.

  어쨌든 난 이 날 모줌다의 강의를 새롭게 보기 시작했다. 그리고 어쩌면 내 선입관이 막아놓아 제대로 파악하지 못했던 강의의 내용을 조금은 더 깊게 이해했으리라 믿는다.

  어떤 사람들은 이루고 싶은 것들이 너무 많기에 그것에 초점을 맞추고 이 강의를 볼 수도 있을 거다. 하지만 그것이 모줌다 강의의 전부는 아니다. 삶과 생명, 그리고 우주와 나, 또 우주의 흐름과 우리의 행복과 평화, 우주의 완벽한 질서에 대한 새로운 시야, 이것이야말로 그가 전하고 싶었던 메시지일 것이다.

사물을 이해하면 자유를 획득하게 된다고 한다. 어쩌면 이런 것들에 대한 이해로 우리의 삶을 더욱 자유로운 것으로 만들 수 있지 않을까 생각한다. 나에 대한 잘못된 가치관과 삶에 대한 잘못된 가치관은 조급함과 질투와 미움을 낳고 이런 것들은 부메랑처럼 내 인생을 두려움이란 환상으로 가득 채웠다. 그리고는 마치 누군가 나에게 두려움을 심어준 것인 양 무언가를 계속 원망하며 살아간다.

하지만 우리는 사실 미흡하게나마 안다. 이 모든 두려움의 원인은 다른 사람이 아닌 바로 나라는 것을.

그리고 우리 본래의 큰 시야를 막고 있는 것은 이 모든 것들이 조합된 두려움일 것이다. 그 두려움을 다시 내려놓게 할 수 있는 힘이 바로 모줌다의 강의에 있다. 모줌다의 말처럼 행복과 평화는 절대 멀리 있지 않다.

 삶과 생명에 대한 유한하고 좁은 관점으로 산다면 그곳에는 자유가 없기에 당연히 행복과 평화마저 없다. 삶이란 정체되고 의무적인 것이어서 피곤한 눈을 부비며 힘을 내서 살아가는 고통의 연속이 아닐 거다. 단지 삶을 그렇게 만드는 것은 바로 나 스스로 만든 삶에 대한 잘못된 관점과 시야이다.

 삶을 본래의 충만함으로 다시 채우고 영원히 발전해나가는 생명들과 함께 우리의 인생을 총기 있는 눈으로 다시 볼 수 있게 만드는, 그런 시야로 돌려놓기를 희망한다. 나도 희미하게 느꼈던 이 강의의 의미를 다시 한 번 새기고 싶어진다.

2010 이상민

서른세개의 계단 출판사

서른세개의 계단 **블로그**

서른세개의 계단 **유튜브 채널**

교정용 가지치기 가위 카페

The Mystery of the Kingdom

1919

고통스럽거나 질병에 신음하고 있다면,
혹은 자신이 불행하다고 여겨진다면
이 책을 읽으십시오.

당신의 시야를 가리고 있는 어둠을 물리칠 것이고
유한성의 그림자로부터 당신의 영혼을 건져낼 것입니다.
그리고 평화와 건강,
불멸하는 왕국의 기쁨을 선사할 것입니다.

언제나 모든 일들이 영원한 시간 속에서
이미 이루어졌다는 자각 속에서 행동하십시오.
조화와 평화가 당신 안에 거하는 한,
어떤 것도 두려워할 필요가 없습니다.

세상을 두려워하지 말고
패배할 거라는 두려움으로 가슴을 졸이지 마십시오.
왕국에는 어떤 패배도 없습니다.

전능한 하나님이 당신에게 원하는 것은
내면의 평화와 기쁨을 갖는 것이기에
당신은 바로 그 일을 해야만 합니다.

당신의 비전과 영감은
당신이 있는 곳이 어디일지라도 찾아내서
자유를 건넬 것입니다.

-A.K. MOZUMDAR-

이 책은 단순한 보고서가 아니라,
실제 일어난 일과 영감어린 글을 엮은 것이다.

나는 그녀에게
추상적이고 난해한 철학적 소재로
진리를 전달한다는 것이
소용없다는 것을 알고 있었다.

그녀의 의식이 안정을 찾고
평화롭게 휴식을 취할 만한 곳,
아주 현실적이고 뚜렷한 곳이
필요했다.

그래서 그녀에게,
아이가
'왕국'에 있는 것을 보라고 말했다.

[마가복음 4:11]
주께서 그들에게 말씀하시기를,
너희에게는
하나님 나라의 신비를 알도록 허락되었으나
밖에 있는 사람들에게는 모든 것이 비유로 되었느니라.

....

[마태복음 6:33]
오직 너희는 먼저 하나님의 나라와 그분의 의를 구하라.
그리하면 이 모든 것을 너희에게 더해 주시리라.

....

1

 하루는 초라한 행색의 여인이 나를 만나기 위해 수업이 진행되는 동안 바깥에서 기다리고 있었다. 그녀의 눈을 덮은 다크서클과 홀쭉한 볼이 얼마나 많은 시간 동안 잠을 못 이루었는지 그리고 얼마나 많은 스트레스를 받았는지를 짐작하게 했다. 그녀의 단 하나뿐인 아들이 죽음의 문턱에서 점점 생명의 불이 꺼져가고 있었다. 하지만 어떤 어머니도 죽는 순간까지 절대 희망을 놓지 않는다.

 그녀가 나를 보자 다가오며 말했다.

 "제 아이에게는 희망이 없나요? 반드시 어딘가에 희망이 있을 거라 믿어요. 자애로운 신께서 한 어머니의 기도를 안 들어주시리 없어요. 선생님께서 제 아이를 반드시 도울 수 있을 거라 믿어요."

 그리고는 오열했다.

2
추상적 진리, 구체적 진리

 첫 보기에도 그녀는 신경쇠약인 듯했다. 반드시 이런 정신적 공황을 이겨낼 무언가가 필요할 것이라 생각했다. 하지만

난 추상적이고 난해한 철학적 소재로 그녀에게 진리를 전달한다는 것이 소용없다는 것을 알고 있었다. 그녀의 의식이 안정을 찾고 평화롭게 휴식을 취할 만한 곳, 아주 현실적이고 뚜렷한 곳이 필요했다. 그래서 그녀에게, 아이가 왕국에 있는 것을 보라고 말했다. 그곳은 언제나 완벽하고 흠 없는 상태여서 어떤 두려움도 자리 잡지 못하는 왕국이라고 설명했다.

이것은 그녀가 구체적으로 받아들일 수 있는 현실적인 개념이었다. 자연(Nature)의 모든 것은 아주 구체적이지만 우리는 어떤 것에 대해서는 구체적인 인상을 받아들이지 못할 때가 있다. 그렇기 때문에 나는 그녀에게 왕국이란 무엇인지에 대해서 자세히 설명했다.

3
완벽한 신의 계획과 현현

"신의 창조 계획에서는 모든 것이 완벽합니다. 그 계획 속에 있는 모든 것은 본래의 모습 그대로, 흠 없이 드러납니다. 질서와 조화의 법칙 없이는 그 어떤 계획도 실현될 수 없기에, 우주의 모든 존재는 그 정밀한 질서와 조화에 따라 나타납니다. 그러므로 세상 만물이 완전한 모습으로 현현되는 것은 당연한 일입니다.

신의 계획과 창조(현현) 속에서 아이가 영원히 완벽한 상태로 존재하는 것을 보십시오. 아이는 영원의 시간 속에서 완벽하고 온전합니다. 오직 이런 완벽한 모습만을 마음속에 간직하고 아이의 현재 모습은 떨쳐버리도록 하십시오."

4

그녀는 그 말의 깊은 철학까지는 이해하지 못했지만, 핵심적인 의미는 받아들일 수 있었다. 그것만으로도 그녀는 큰 위안을 얻었고, 한결 가벼운 마음으로 집으로 돌아갔다. 그녀는 아이가 왕국에서 완벽한 모습을 하고 있는 것을 밤낮으로 생각했다. 그러자 정신이 고양되는 것을 경험한다. 천상의 기쁨이 그녀의 존재 전체를 감쌌고 그와 동시에 아이는 위급한 상황에서 벗어나더니 점차 호전되기 시작했다.

5

인간, 정신적 존재

이제 이 현상에 대해 살펴보면서 실제 어떤 일이 일어났는지 보자. 이 세상에 살고 있는 인간은 실은 정신적 존재임을 알고 있을 것이다. 즉, 우리는 정신적으로 즐거워하고 정신적으로 고통을 받고 정신적으로 살고 정신적으로 죽는다. 우리가 겪는 모든 일들은 의식과 연결되어 있으며, 그것을 인식하지 않는다면 아무 일도, 사실상 우리에게는 존재하지 않는 것이다.

또한 두 사람의 마음이 서로 깊게 연결되었다면 서로에게 자연스럽게 영향을 미친다는 것을 알고 있을 것이다. 이 아이의 경우에도 바로 이런 일이 일어난 것이다. 어머니는 영원한 완벽함에 대한 고귀한 생각으로 고양되었고, 또한 어머니와 아이는 서로의 의식 안에서 연결되어 있었기 때문에 이 고양된 생각이 아이에게 영향을 미칠 수 있었다.

6
어떤 결점도 없는 왕국

혹시 누군가는, 아이가 왕국에서 완벽하다는 나의 말이 강력한 암시를 주었다고 생각하면서 내가 그녀에게 전해준 말은 진실이 아니라고 생각할지도 모른다. 나의 말이 어떤 암시적인 가치를 가질지 모르지만 그 말 이면에는 절대적인 진리가 있다는 점을 분명하게 말하고자 한다. 누구라도 이 진리를 받아들인다면 환영과 죽음이라는 무지의 올가미에서 자유롭게 될 것이다. 심지어 그 진리를 맹목적 신앙으로 받아들인다

해도, 반복적인 인상을 통해 어떤 정신적 고양을 경험할 수 있다.

7
왕국의 비밀을 밝히다

어쩌면 당신은 그 왕국이 어디에 있냐고 물을지도 모른다. 그곳은 바로 지금 여기에 있다. 비록 그 왕국의 존재를 인식하지 못하더라도 우리는 지금도 바로 그곳에서 살고 있다. 만약 당신이 무언가를 인식한다면 그것은 당신에게 존재하게 된다. 마찬가지로 왕국을 인식한다면 그것은 당신, 정확히 말하자면 당신의 마음에 모습을 드러낸다. 그렇기에 예수 그리스도는 "하나님의 왕국은 당신 안에 있다"라고 말했다. 바로 당신의 의식 속에 있다는 의미이다. 그래서 왕국의 신비란, 신의 계획 속에서 불멸하는 모든 것이 또한 그 신의 계획의 현현 속에서도 영원하다는 것이다. 이 신비를 깨닫고 가난과 불행 같은 온갖 종류의 문제들에서 해방되라.

8
소유가 일어나는 곳

그 무엇도 결코 사라지지 않는다. 이 광활한 창조의 세계 속에서 모든 것은 언제나 어디에선가 영원히 모습을 지니고 있다. 이 진리를 깨닫고 마음으로 무언가와 접촉하게 되면, 그것을 소유하게 되는 것이다. 어떤 것을 소유할 때 느끼는 기쁨은 그 사물을 소유하고 있다는 마음의 감각에서 비롯된다. 당신이 소유에 대한 집착에서 더 자유로울수록, 더 깊이 그것을 현실로 만들고 누릴 수 있을 것이다.

9
자유

무언가를 온전히 이해하면, 그 앎은 우리 안에 머문다. 그러므로 자유를 진심으로 깨닫는 순간, 우리는 자유로워진다. 자의식을 갖춘 정신적 존재(self-conscious mental life)로서, 인간은 인식한 만큼의 세계를 현실로 살아간다.

당신이 왕국 안에서 인식하는 것은 영원하고 완벽하다. 즉, 사물의 본질은 영원의 시간 속에서 결코 변하지 않는다. 그 영원한 완벽함의 영역 안에서는 어떤 종류의 불완전함이나 결핍도 없다. 존재하는 것은, 영원히 존재한다. 그곳에서 모든 것은 영원한 시간 속에서 언제나 이루어져 있다. 바로 그 앎이 당신을 유한한 세계의 악몽, 진리에 대한 무지로부터 자유롭게 만들 것이다.

10
진정한 앎

하나님 왕국의 신비를 이해하기 위해서는 사물들에 대한 참된 앎을 가져야 한다. 그 앎은 진리 안에 머물고, 고요한 침묵 속에서 사물의 본성과 깊이 이어질 때에만 주어진다. 한 개인의 삶이란 관점에서 벗어나 당신의 마음을 더 크게 확장시켜서 전 우주가 마음 안에 채워지도록 해야만 한다. 그러면 마음 안에서 모든 것을 보게 될 것이고 모든 것을 찾게 될 것이다.

11
바로 지금

진리에 따라 사는 가운데 우리는 비로소 삶을 배워간다. 나중이라는 것은 없고 내일이란 것은 없다. 바로 지금 이 시간부터 당장 그렇게 하라. 혹시 다가올 미래를 두려워하며, 몇 파운드 되지 않는 육신의 안위에만 온 신경을 쏟으면서도 진리가 드러나기를 기대하고 있지는 않은가? 절대 그런 마음으로는 진리를 펼칠 수 없다.

진리의 영이 우리 눈앞에 비춘 빛의 길을 지금 이 순간부터 직접 걸어 나가야만 한다. 그때, 오직 그때만 영원한 자유가 보일 것이며, 당신은 진정으로 자유로워질 것이다.

12
낙관주의 운명론

모험과 로맨스와 스릴, 그리고 위대한 성취를 원하는가? 그렇다면 운명론자가 되라. '일어날 일이 일어날 것이다'라는 생각에서 단 한 순간도 시선을 놓치지 말라. 그러면 그 일은 가장 최선의 방법으로 일어날 것이다.

긍정적이고 진실하며 선한 결과는 반드시 이루어진다. 그 운명에서 절대 벗어날 수 없다. 걱정과 두려움으로 인해 이 긍정적인 확신을 잠시간 내려둘 수는 있겠지만 운명을 거부할 수는 없을 것이다. 이 말을 믿는다면 무엇 때문에 걱정을 하는가? 이 말을 믿는다면 모든 일이 영원히 행복한 결말을 맞을 것이라는 확신을 지닌, 근심으로부터 해방된 마음을 키워보는 것은 어떤가?

13
삶의 목적

우리가 이곳에 존재하는 이유는 신의 영광을 드러내기 위해서다. 그것은 곧, 모든 잘못된 행동과 생각으로부터 자유롭게 되어 우리의 삶을 누리는 것을 말한다. 영원의 시간 속에서 '영원히 자유로운 영(ever-free Spirit)'의 맑고 건강한 분위기 속에서 살라. 그리고 다른 이들도 그런 상태에 살게 하라.

당신의 생각은 언제나 기쁨의 메시지를 품고, 당신의 목소리는 끝없는 희망과 긍정의 울림을 전하게 하라. 세상 모든 것의 기초가 되는 영원한 왕국, 그것이 쓰러지고 멸망하지 않는 한 당신에게도 실패와 멸망이란 없다는 것을 깨달아라.

그 밖의 다른 창조물처럼 당신 역시 전능한 존재의 가슴 안에서 깨어났다. 이 반석은 결코 실패하거나 멸망하지 않으며 결코 당신과 분리되지 않는 하나이다. 존재하지 않았던 것은 존재할 수 없다. 그 어떤 것도 무(無)란 공간에서 생겨난 것이 아니다.

14
우리가 태어난 곳

우리가 이곳에 존재한다는 것은 지금 그 자체로 증명되고 있는 의문의 여지없는 사실이다. 우리는 분명 '어떤 것'으로부터 지금 현재의 모습처럼, 자아에 대한 인식을 갖춘 존재가 되었다. 이 '어떤 것'은 모든 것의 근원이 되는 반석이다. 만약 이 '어떤 것'의 깊은 심연 속에서 가능성과 잠재성을 지니고 있지 않았다면 아주 작은 생명체조차 존재할 수 없었을 것이다. 도토리 하나가 거대한 떡갈나무가 되듯, 창조생명 안에 내재하는 잠재성이 창조물들을 만들어낸다.

15
만물의 영원성

창조물은 창조생명(Creative-life)이 스스로 모습을 드러낸 것이다. 만약 모든 것의 반석인 이 창조생명이 영원하다면 얼마 안 가 사라질 것들을 창조했겠는가? 이 간단한 이성적 추론을 따라가서 그 결론이 어떤지 살펴보라! 모든 것의 불멸성과 영원함에 대한 결론에 이르게 될 것이다.

당신은 시작을 갖고 있는 것은 반드시 끝이 있다고 말할지 모른다. 어떤 것의 시작을 생각한다는 것은 시간의 흐름 속에서 그 끝을 인정하는 것이다. 이 말이 사실임을 인정하지만, 그렇다고 모든 것이 시작을 가져야 한다고 생각해야만 할 이유가 있을까? 만약 하나의 사물이 그것의 모습을 드러내게 하는 '어떤 것' 안에서 영원히 존재한다는 것이 밝혀진다면 그것의 영원성 역시 증명될 수 있을 것이다.

16

어떤 것이 우리 눈에 보이게 되는 시점이 그 존재의 시작을 의미하지는 않는다. 그것은 단지 보이지 않았던 것이 눈에 보이게 된 것을 의미할 뿐이다. 어떤 것이 잠재적인 상태에 있든, 모습을 드러냈든, 그 차이는 단지 인간의 인지 능력에만 관계될 뿐이다.

17
무(無)

모든 것은 이 영원한 반석(Eternal Foundation)과 함께 영원히 존재한다. 그래서 만물은 불멸하는 반석과 동일한 본성을 지닌다. 이 세상 모든 것의 총합은 영원의 시간 속에서 변하지 않은 채 그대로이며, 그 총합에서 어떤 것도 더해지거나 감해질 수 없다. 이 결론은 단 한 가지 사실에 기초한다. 존재하지 않았던 것은 존재할 수 없으며, 무(無)에서 무언가가 생겨날 수는 없다는 사실이다.

18

만약 지금 내가 하는 말이 추상적이고 명확하게 와 닿지 않는다면 이 진리를 이렇게 생각해보자.

이 세상에 모습을 드러낸 것들 모두, 한때는 불멸하는 '어떤 것' 안에서 태아의 상태 혹은 잠재적 상태로 존재했다. 그렇기 때문에 그것들이 그 '어떤 것'으로부터 분리될 수 없는 하나임을 부인할 수는 없을 것이다. 그렇다면 그 누가 불멸하는 반석의 본성을 반박할 수 있겠는가? 그 누가 자신을 그 반석으로부터 분리시키고 독자적으로 살아갈 수 있겠는가?

이렇게 우리가 근원의 존재로부터 하나임을 인정한다면 왜 어떤 일을 하는 데 근심과 걱정을 하는가?

19
행복, 삶의 목표

생명의 목적은 바로 행복이기에 우리는 행복해져야만 한다. 행복이 하나의 마음 상태인 것처럼 불행도 하나의 마음 상태이다.

하나는 긍정적인(positive 본래 존재하는) 것이고 다른 것은 부정적인(negative 본래 존재하는 것을 부정하는) 것이다. 부정적인 것은 긍정적인 것을 부인하거나 부정할 때에만 존재한다. 그렇기 때문에 긍정적인 것이 진실이고 부정적인 것은 진실이 아니다.

전자는 어떤 것, 어떤 상태가 존재함을 말하고 후자는 어떤 상태 혹은 어떤 조건의 존재를 부정하는 것을 말한다. 만약 행복에 대한 관념이 먼저 존재하지 않았다면 행복의 존재를 부정하는 것은 생각할 수도 없다. 그렇기에 행복은 진실이고 의문의 여지없는 본래의 실재이다. 불행은 단지 그 긍정적인 (본래 존재하는 행복) 상태의 부존재나 결핍의 관념일 뿐이다.

그렇다면 당신의 생명이라는, 긍정적이고 운명적 결론 안에서 어찌 행복하지 않을 수 있단 말인가?

20
정신적 창조

마음의 세상 안에서 계속 나아가라. 멈춤은 죽음을 뜻한다. 긍정적인 생각들에 생명을 불어넣고, 긍정적인 생각으로 꺼져가는 희망의 잿더미 위에 불멸하는 새 희망의 탑을 건설하라. 부정적인 정신적 어둠 안에 머물지 말고 하늘의 왕국을 건설하라. 당신이 건설한 하늘의 왕국이 당신을 그곳의 거주자로 만들지 못한다고 누가 말할 수 있는가!

생각 안에서는 비현실적인 것이란 없다. 그런 것은 제쳐두고라도, 당신의 기쁨과 행복은 정신적 상태가 아닌가?

21
진정한 운명

당신의 존재는 부정이 아닌 긍정(본래 존재하는 것)이다. 다시 말해서 당신은 본래 존재한다. 어떻게 당신의 운명이 부정적일 수 있는가! 당신의 실재하는 욕망, 열망, 꿈은 헛되이 돌아올 수 없다. 그것들은 신의 질서 안에 존재하는 것이기 때문에 반드시 실현될 것이다.

믿음을 잃을 이유 따위는 존재하지 않기에 믿음을 잃어서는 안 된다. 마음이 창조와 긍정의 세계에 머물며, 가슴 속에서 상상의 기쁨이 주는 영혼의 자유를 느낄 수 있다면, 그것은 몸과 마음에 안식을 주고 생명력을 불어넣어 우리의 젊음을 지켜줄 것이다.

22
사랑, 모든 것을 정복하는 힘

신성한 제단의 불이 꺼지게 하지 말라. 이 불은 바로 모든 것을 감싸 안는 사랑이다. 외부의 행동으로만 이 불을 지피지 말고, 마음 안에서도 사랑의 불꽃을 타오르게 하라.

이상적인 세계 위에 올려놓은 이 생명의 불은 우리를 박애의 길로 인도한다. 그 불이 닿는 것은 무엇이든지 변화시키고 부활시킨다. 이 사랑의 불꽃을 통해 우리는 모든 존재와 만물 안에 깃든 신성을 깨닫게 된다.

23
왕국의 비밀

왕국의 비밀을 이해하고자 한다면 작은 것을 가지고 시작하라. 생명이 모습을 드러낸 이 광대한 우주 안에는 상상할 수조차 없는 작은 것들이 있다. 연못에 있는 물 한 방울을 평범한 현미경에 놓고 관찰해본다면 육안으로는 볼 수 없었던 많은 생명체들이 있음을 알 수 있다. 어쩌면 그렇게 관찰하고 난 후에 "난 이제 이 물에 들어있는 생명체들을 모두 찾아냈어!"라고 생각할지도 모른다. 하지만 너무 섣부른 판단이다. 이젠 더 강력한 현미경 하나를 갖고 와서 그것을 통해 다시 살펴보라. 놀랍게도 온 우주에 편재하는 근원생명의 아버지-어머니 원리(Father-Mother Principle of the One Omniscient Life)를 나타내고 있는 더 작은 것들을 보게 될 것이다. 그것들은 이전에 봤던 것들보다 훨씬 더 작은 유기질의 형태 속에서 살고 있다.

24
작은 생명체들, 더 작은 생명체들

저 하늘의 거대한 행성들을 통제하는 질서의 법칙이 상상조차도 할 수 없을 만큼 미세한 생명체들까지도 질서 있게 움직이게 하고 있다는 사실을 떠올려보라. 이 깨달음은 우리가 세상을 바라보는 기존의 선입견을 흔들어 놓는다. 세상에 대한 이런 깊은 사색은 마음의 또 다른 차원의 문을 열어주어 우리가 살고 있는 세상의 진실한 면을 어렴풋이 비춰준다. 세상 이면에 편재하는 하나의 거대한 생명이 자발적인 충동에 의해 끊임없이 움직이고 있음을 깨닫게 된다. 그리고 그 거대한 하나의 근원생명은 세상의 모든 것을 통해 자신을 표현하면서 그 존재의 본질을 드러내고 있다.

25
하나의 근원생명

'하나의 생명'이 모든 것의 근원이라면, 그것에 대해 말하는 것은 곧 존재하는 모든 창조물에 대해 말하는 것이다. 왜냐하면 모든 창조물은 바로 그 하나의 생명이 자신을 다양한 형태로 표현하고, 그 본래의 완전함을 그대로 유지하며 끊임없이 작용하는 방식이기 때문이다. 그런데도 우리 인간은 문제가 해결되지 않을까 염려하며 가슴을 졸인다. 우리가 느끼는 자부심이나 우리가 가진 것과 우리의 행운과 불행이란 것은 이 우주의 질서를 유지하고 있는 광대한 생명과 비교해본다면 너무나도 보잘것없는 것들이다. 그리고 이 근원생명이 영원히 그것의 가슴 안에서 우리를 품고 있다는 사실은 이전까지 자신만을 중심에 두고 살아온 모든 생각이 얼마나 하찮은 것인지 깨닫게 해준다. 모든 것의 영원한 반석인 근원생명 위에 마음을 내려놓는다면 행복과 평화를 얻게 될 뿐 아니라 꿈과 소망 모두를 실현하게 될 것이다.

26
작은 생명 안에도 존재하는 신성한 비밀

이제 작은 식물을 살펴보자. 그 안에 담긴 신성한 비밀을 이해할 수 있겠는가? 그것이 속삭이고 있는 놀라운 이야기를 들을 수 있겠는가? 이 작은 식물은 우리에게 우주의 신비를 속삭인다. 수많은 별과 성운을 품은 이 광대한 우주가 실은 한때 하나의 계획 속에 존재했었다고 말해준다. 그리고 그 계획은 작은 씨앗이라는 형태로 담겨 있었으며, 단순한 계획이 아닌 신성한 계획이었다.

그것이 신성한 이유는 영원하기 때문이다. 그 계획은 창조적 생명, 궁극의 에너지의 품속에 감춰져 있었다. 만약 그 계획과 영원한 우주의 충동이 없었다면, 씨앗은 결코 스스로 식물을 창조할 수 없었을 것이다. 모든 계획은 정확한 법칙에 따라 움직인다. 씨앗에서 싹을 틔워 이 세상에 모습을 드러내게 한 그 충동은 지금도 여전히 그 식물을 품고 있으며, 앞으로도 영원히 그럴 것이다.

27

창조자에게는 언제나 영원한 만물

내면의 귀를 열고 들어본다면 이 작은 식물이 우리에게 전해주는 이야기를 들을 수 있다.

"나는 모든 곳에 존재하는 아버지의 가슴 안에서 안전하지. 그 무엇도 내 무한한 생명으로부터 날 떼어내거나 파괴할 수는 없어. 내가 아버지의 가슴 안에 영원히 머물지 않는다면, 오늘 이곳에 이렇게 있을 수 없지. 당신이 나를 볼 수 없을 때조차 여전히 아버지에게는 모습을 드러내지. 당신의 의식은 끊임없이 성장하기 때문에 당신이 보는 것 역시 계속 변하고 있어. 그래서 당신의 변화하는 시선에는 내 모습이 나타나기도 하고 사라지기도 하지만, 불멸의 창조자 앞에서는 언제나 모습을 드러내고 있어.

28
조화와 질서의 법칙

"이제 나를 통해서 저 거대한 행성들을 봐봐. 그것들은 모두 같은 이야기를 하고 있어. 조화와 질서의 법칙은 가장 최상의 법칙이라고. 이 조화와 법칙이 없다면 서로 충돌하고 곧 혼란 속에 빠질 거야. 그것들은 신의 질서 안에서 나타나고 신의 질서 안에서 또 사라지고 있어. 이런 오고감은 단지 변하지 않는 계획과 법칙에 따라 이루어지는 영원한 움직임일 뿐이야. 하지만 만물은 이런 오고감 속에서도 근원의 창조생명에게는 언제나 뚜렷하게 모습을 드러내고 있지. 당신은 제한된 시선으로만 보고 있기 때문에 세상에는 아무런 계획이 없다고 생각할지도 몰라. 그러나 당신은 지금 이 순간에도 신의 세계, 늘 모습을 드러내는 그 신성함 안에 존재하고 있어.

"이 광대한 우주는 영원한 시간 속에서 신이 자신의 모습을 드러낸 것이지. 하지만 당신은 창조물과 창조를 일으킨 근원생명을 다른 것처럼 보고 있을 거야. 왜냐하면 당신 눈에는 보이지 않았던 것들이 어느 순간 보이니까. 그런데 깨달음의 빛을 얻은 영혼에게는 이 우주가 모두가 신일 뿐이야. 지금 존재하는 것은 영원히 존재하지.

29
신의 계획, 만물의 질서를 유지하는 힘

"지금 내가 하는 이야기를 이해하지 못해도 실망할 필요는 없어. 이 간단한 사실만 알면 돼. 계획이 없다면 어떤 것도 나타날 수 없어. 지금 의식을 갖추고 생각할 수 있는 사람인 당신이 이곳에 이렇게 존재할 수는 것도 계획이 있기 때문이지. 모래알 하나조차 신의 계획에 의해 태어났다면, 당신의 존재는 그보다 얼마나 더 경이로운 사건일지 생각해봐. 왜냐하면 당신의 의식을 통해서 우주적 가능성을 더욱 많이 표현할 수 있기 때문이지.

"당신은 자신이 누구이고 무엇인지 알 수 있지만 모래알은 알 수 없어. 당신은 의식적으로 창조물과 접촉해서 그것에 일정한 힘을 행사할 수 있어. 그런데 식물인 나는 그렇게는 할 수 없어. 하지만 나는 신의 권능으로 모두를 축복하고 신의 사랑으로 모두를 사랑하지. 그렇기에 나는 신의 권능과 사랑이 세상에 드러난 하나의 축복이며, 나의 생명은 바로 그 신의 사랑이 현현된 것이야.

30
만물이 전하는 하나의 메시지

"당신에게는 선택권이 있어. 당신은 신성한 계획과 신성의 드러남에 맞춰 왕국 안에서 거하는 완벽한 자신의 모습을 볼 수 있고, 혹은 뒤를 돌아보고는 아직 태어나지 않은 세상에 있는 자신을 상상할 수도 있지. 그런데 나는 그렇게 할 수는 없어. 당신은 천국과 지옥을 만들 수도 있고 입맛에 맞춰 그것을 버릴 수도 있지만 나는 그럴 수 없어. 당신은 천사의 날개를 달고 고귀한 의식까지 올라가거나 정신적 암흑 속으로 떨어질 수도 있지만 나는 그럴 수 없지.

"하지만 나에게는 그 누구도 빼앗을 수 없는 하나의 역할이 있어. 그것은 이 광대한 우주에서 내가 차지한 역할이지. 나에게는 세상에 전해야 할 메시지가 있는데 영원한 시간 속에서 언제나 내가 하고 있는 일이 바로 그 메시지를 전달하는 거야. 그건, 태어나지 않은 자들의 땅으로부터 탄생하는 불멸의 태어남에 대한 메시지야. 받아들일 수 있는 자들에게만 메시지는 주어지고 있어. 그 메시지는 모두 태어남 없는 탄생과 죽지 않는 죽음에 관한 거야.

그것은 슬픔이 들어갈 수 없는, 가슴이 상처받지 않는, 비탄과 절망이 행복과 즐거움의 원천을 말라버리게 할 수 없는 세상에 대한 메시지야. 그것은 영원한 이해의 세계이고 그곳에서는 그 누구도 당신을 잘못된 시선으로 바라볼 수 없지. 그곳에서는 올바른 이해가 세워지기에 당신은 그것을 반드시 알아야 해.

31
창조의 계획에 대한 믿음

"하늘의 법칙을 불신할 이유가 없지. 왜냐하면 의식을 지닌 당신의 생명이 바로 그 영원한 법칙의 살아있는 증거니까. 당신은 생각하는 존재야. 생각을 해야만 하지. 올바르게 생각하는 것은 당신의 비전을 뚜렷하게 만들어서 믿음의 눈을 만들 거고, 그로써 창조의 찬란한 계획을 보게 할 거야.

"믿음이 없다면 사랑도 없어. 신에 대한 올바른 이해와 믿음이 없다면, 진정한 사랑 또한 불가능해. 당신은 생각하는 존재니까 생각해봤으면 좋겠어. 수백만 년 전 지구는 어디에 있었을까?

32
무생물에서 생물로

"한때 이 지구는 불로 된 용암 덩어리였다고 말해지지. 점차 식기 시작했을 때 바깥쪽은 단단하게 굳어졌지만 어떤 생명체의 징조는 아직 없었어. 무생물이 생물체로 가는 기간은 굉장히 길었어. 그러나 우리가 '무생물'이라 부르는 것도 사실은 생명을 잉태한 상태였으며, 언제나 탄생의 메시지를 간직하고 있었어.

"그 후 어떤 신비로운 과정들을 통해서 생물체가 생겨났어. 하지만 또 생물체에서 인간의 상태까지 진화하기까지는 더 오랜 기간이 걸렸지. 어쨌든 지구라는 황무지 상태에서 거대한 숲이 생겨났어. 또 시간이 흘러 매머드와 같은 온갖 종류의 동물이 나타났지. 그래도 인간은 아직 나타나지 않았어. 또 오랜 기다림의 밤이 흐른 후에 '의식을 갖춘 생명', 즉 인간이 드디어 지구에 나타난 거야.

"오늘날 볼 수 있는 인간의 모습과는 다른 형태였지. 하지만 어떤 형태로 나타났든 인간의 모습은 신의 모습을 따라서 만든 거야. 뿐만 아니라 모든 존재와 모든 사물 역시 신의 모습을 따른 거야. 왜냐하면 궁극적인 신이란, 모든 계획과 가능성, 그리고 세상에 모습을 드러낸 모든 것을 포괄하는 전체이기 때문이야.

33
필요, 그리고 공급

"무엇보다 주목해야 할 점은, 창조물이 탄생할 때 그것에 필요한 것 또한 함께 주어진다는 사실이야. 그래서 창조물은 알맞은 환경 안에 놓이게 돼. 신성한 계획 속에서 그것들에게 필요한 것들은 항상 함께 만들어지지. 인간의 출현과 함께 옥수수며 곡물이며 그 밖의 채소들이 나타났어. 마치 항상 보이지 않는 시간의 통로를 통해 언제나 기다리고 있었던 것처럼 말이지. 그것들의 발소리는 매우 조용했지만 눈에 보이는 단계에서는 인간과 함께 등장했지.

"그리고 또 기억해야 하는 것이 있는데, 필요한 것이 주어지는 것은 단지 물질적 삶에만 국한되는 것은 아니야. 인간의 정신적 삶을 영위하는 데 필요한 것들도 마찬가지로 주어졌어. 인간의 열망, 영감, 발명의 재능, 그리고 성취와 같은 것은 인간과 함께 진화의 길을 걸어가는 중이야. 인간을 이 땅에

출현시킨 내적인 충동은 또한 그것의 시기적절한 필요에 맞춰 필요한 모든 것을 가져오지.

"이런 우주적 계획에 대한 비전을 볼 수 있을 때 인간은 왕국 안에서 거하게 되고, 그때 인간은 더 이상 불확신의 세계와 죽음의 계곡을 맴돌던 발걸음을 멈추게 돼.

34
인간의 노력, 허상

"인간은 오랫동안 자신의 노력으로 성취와 결과를 이뤘다고 믿으며, 그 열매를 자신의 공으로 여겨왔지. 그러나 우주의 계획을 깨닫는 순간, 그것이 진실이 아니었음을 알아차리게 돼. 인간이 스스로 한 것은 아무것도 없는 거야. 심지어는 손가락 하나 들어 올리는 일마저도.

"자신의 것이라는 인식으로부터 집착이 생기고, 집착으로부터 잘못된 책임의식이 또 생기게 돼. 하지만 주거나 가지라고 허락된 것이 아니라면 인간은 그 무엇도 주거나 가질 수 없다는 것이 진실이야.

35
상응하는 결과

"모든 사람은 자신의 그릇에 따라서 받아. 진리 안에 머무는 자는 자신만의 우주적 진동에 걸맞은 것을 받지. 우리 모두는 자신의 것을 끌어당기고 있어. 아버지, 어머니, 형제들, 누이들, 친구들 역시 그렇게 당신 곁에 모여든 거야. 이들은 모두 하늘의 아버지께서 당신에게 보내주신 사람들이야. 당신이 신성한 계획과 조화를 이룰 때 그들은 당신에게 조화와 평화를 가져와. 그래서 언제나 당신의 마음이 조화롭고 평화로운 채로 그들을 맞이해야만 해. 부조화와 마찰이 있는 곳에는 신의 진리가 머물 수 없어.

36
진정한 자유

"당신이 따르는 세상의 방식들은 잘못된 생각에서 비롯된 것이야. 당신은 삶의 양면을 맞추기 위해 계획하고 노력하지만 성공하지 못해. 항상 둘 사이에서는 어떤 틈이 있고, 조정해야만 할 것이 있어. 부조화를 만드는 것은 내려놓아야만 하지. 신의 길에서 당신의 마음을 멀어지게 하는 방식은 모두 잘못된 방식이야.

"당신이 우주의 계획과 조화를 이룬다면 축복이 찾아와서 개성의 좁은 길로부터 벗어날 수 있어. 내면의 영감과 지혜를 항상 따르도록 해. 그러면 행복하게 될 거야. 외부의 어떤 상황도 당신의 정신적 영역을 침범하거나 구속할 수는 없어.

"마음이 자유로울 때 진실한 자유를 누릴 수 있게 돼. 당신 내면에서 찾은 자유는 바깥세상의 장애들을 모두 제거해버릴 거야. 이 진리를 알고 그것에 맞춰서 살도록 해! 자유와 기쁨이 당신 안에 영원히 머물게 될 거야."

37
인간, 무한한 생명

이 작은 식물이 들려준 경이로운 이야기는 여기서 마치고 이제 자신에게 시선을 돌려보자. 당신은 누구인가? 그리고 어디에서부터 왔는가? 이 영원한 질문에 대한 답은 찾았는가? 아직 찾지 못했다면 당신은 창조생명으로부터 왔을 뿐 아니라 바로 당신이 창조생명임을 기억하라. 창조생명은 당신이란 존재로 모습을 나타내면서 그 본연의 본성을 펼치고 있다. 당신 배후에 창조의 생명이 있다. 당신을 움직이게 하고 생각하게 하고 말하게 하는 것도 바로 이 창조생명이다. 이 놀라운 진리를 이해하는가? 이 생명은 모든 것이다. 이 생명이 없다면 아무것도 존재할 수 없다.

38
합당한 의문

우리가 이 창조생명을 생각할 수 있는 것도 역시 이 창조생명의 힘이다. 우리는 우리의 존재는 부정하면서 우리가 생각하고 믿는 것이 진실이라고는 말할 수 없다. 몸과 마음은 창조생명에 의해서 생겨난 것이다. 우리가 만약 이 창조생명과는 분리된 존재라면 어떤 것도 할 수 없다. 왜냐하면 인간 개성은 스스로 존재하는 것이 아니라, 그것을 떠받치는 '어떤 것', 즉 영원한 생명에 의존하고 있기 때문이다.

이제 우리 육신과 마음 배후에 존재하는 신성한 계획을 볼 수 있는가? 조화와 질서의 법칙과 하나의 계획이 없었다면 현재의 '의식을 갖춘 생각하는 생명'은 이곳에 있을 수 없었다는 것을 이해하는가?

이 의식을 갖춘 생명은 만들어진 것이 아니라 본래적인 것이다. 왜냐하면 그것은 완벽한 신성의 계획에 따라 언제나 존재해온 것이기 때문이다.

39
치유

 질병이나 불완전함은 우리의 잘못된 생각이 비춰진 것뿐이다. 당신이 올바르게 사고하고, 영원히 완전한 계획과 그 현현을 올바로 바라보는 순간, 즉 왕국에 들어가는 순간 당신은 치유된다. 여기서 치유된다는 것은 실제로 무엇인가가 치유되는 것이 아니라, 무언가가 치유되어야 한다는 생각 자체가 사라지는 것을 뜻한다. 모든 것이 이미 이루어진 곳, 영원한 시간 속에서 완성된 그 자리를 인간은 점차 이해하게 된다. 그리고 그 왕국에 대한 앎 속에서 살기 시작한다.

40
올바른 생각, 잘못된 생각

 마음은 우리가 생각할 수 있게 만드는 도구이다. 그것은 본질적으로 신성한 계획 안에 존재했던 것이었기에 우리는 지금처럼 이렇게 생각할 수 있다. 그리고 신성한 계획에 따라 인간에게는 선택권이 주어졌다. 그래서 인간은 올바르게 생각하거나 볼 수 있고, 잘못된 방향으로 생각하거나 볼 수 있다. 만약 신성한 계획 안에 이 선택권이 주어지지 않았다면 우리는 어떤 것도 선택하지 못했을 것이다.

그러나 우리가 대상을 올바르게 혹은 그릇되게 인식한다고 해서 그 대상의 본질이나 신성한 계획, 우주의 조화 법칙이 바뀌는 것은 아니다. 오직 바뀌는 것은 '의식을 갖춘 생각하는 생명'의 반응뿐이다.

예를 들어 아주 밝고 활기찬 곳에서 어떤 슬픈 일을 경험했다면 그 장소는 더 이상 당신에게는 밝거나 활기 넘치는 곳으로 느껴지지 않는다. 그렇다고 당신의 이런 감정과 느낌이 그 장소 자체를 바꾸지는 못한다. 오직 당신의 생각 안에 행복이나 끔찍함이 있을 뿐이다. 당신의 생각이나 인식 너머에는 그 상태가 존재하지 않는다는 것을 기억해야만 한다.

41
전능한 자의 생각

전능한 손길이 지금까지 우리를 인도해왔고, 우리의 모든 필요를 채워주었으며 지금도 공급하고 있다는 것을 이제 알게 되었을 것이다. 이것이 진실이라 믿는다면 우리의 생각 능력과 판단 능력, 그리고 하나님의 아낌없는 보물을 사용할 수 있는 능력 역시도 그와 같은 전능한 손길이 우리에게 주었다고 여기는 것이 마땅하지 않은가?

우리는 독립적으로 생각하며, 자신만의 개별적인 삶의 계획 속에서 새로운 생각을 한다고 믿지만, 그건 그저 우리의 생각일 뿐이다. 우리가 만약 올바른 생각을 통해 왕국에 들어간다면 우리가 하는 모든 생각이 '위대한 주재자'의 생각이란 것을 깨닫게 된다. 이런 깨달음은 우리에게서 소위 잘못된 생각이라 말해지는 것들을 제거한다. 왜냐하면 그 생각 자체가 곧 올바른 생각이기 때문이다.

42
오직 마음속에만 존재하는 천국과 지옥

 기쁨이나 불쾌함 같은 반응은 생각을 할 수 있기 때문에 겪는다. 천국과 지옥을 인식하는 것도 오직 생각을 통해서이다. 우리의 정신적 성숙 상태에 따른 자연스러운 상태에 맞춰 올바른 사고를 한다면 사물의 겉모습에 미혹되지 않고 그것이 지닌 올바른 의미를 깨닫게 된다. 이런 올바른 생각을 하게 될 때 만물이 지닌 '신성한 법칙과 계획'과 올바르게 연결되며, 이로써 우리는 행복과 평화를 누리게 된다. 사물의 겉모습에 관심을 기울일 필요는 없다. 사물의 외형이란 그냥 단지 우리의 인지능력에 맞춰 나타난 것뿐이기 때문이다.

43
실익없는 논쟁

 이런 이야기를 하면 어떤 사람들은 만물을 뒤집어서 보는 것이라고 말한다. 이런 말에 흔들리지 말라. 만약 이것을 두고 뒤집어서 보는 것이라 말한다면 뒤집어 본다는 것이야말로 올바르게 보는 것이다. 왜냐하면 신성한 계획에 맞춰 우리의 보는 기능이 나타났기 때문이다.

 우리가 어떤 사람을 두고 그를 뒤집어 보면서 발은 땅에 붙어있고 머리는 하늘을 향해 밑에 걸려있다고 말한다고 가정해보자. 그렇게 말한다고 해서 그 사람에 대해 어떤 왜곡된 것을 더하거나 덜어낸 것인가? 아마 상식적으로 생각해봐도 그렇지는 않을 것이다. 그런 철학은 어떤 실익도 없다. 과학은 우리가 사물을 거꾸로 또는 반대로 본다고 말할 수 있지만, 그렇다고 해서 그 때문에 잘못 본다고는 할 수 없다. 올바르게 보는 것과 올바르지 않게 보는 것의 차이는 오직 만물의 질서 안에서 보는가, 아닌가에 달렸을 뿐이다.

44
생각을 멈추기, 허상

 어떤 사람들은 인간의 모든 문제의 원인이 생각 때문이라고 주장하기도 한다. 그들은 모든 문제를 잘 조사해본다면 그 근본 원인은 생각이라고 주장하면서 그것들을 고칠 수 있는 만병통치약은 바로, '생각을 멈추는 것'이라고 말한다. 자신들의 철학을 정당화하기 위해 대단한 논리를 전개하지만 그들이 전개하는 논리는 말 그대로 논리일 뿐이다. 어떤 모순이 있는지 한번 살펴보자! 그들은 모든 문제와 잘못들이 생각 안에 있다고 말하면서 또 자신들의 철학을 입증하는 수단으로 생각의 전개를 채택하지 않았나? 생각 그 자체가 잘못된 것이라면 어떻게 생각의 전개를 통해서 자신들의 주장이 옳다는 것을 또 입증할 수 있는가?

45
환영

그리고 다른 모순 하나를 더 지적해보자면 그들이 생각을 멈췄다고 말할 때 역시 생각을 멈췄다는 것을 생각하는 것이다. 그렇지 않은가? 이와 똑같은 논리가 "세상은 환영이다"라고 주장하는 철학과 "마음은 유한하다"라고 주장하는 철학의 모순을 지적할 때도 적용될 수 있다. 만약 이 세상도 환영이고 또 나 자신도 환영이라면 어떻게 어떤 것은 환영이 아니라고 결정할 수 있는가? 그 주장대로라면 우리의 결정 역시 환영이 돼 버린다. 이 이론을 따라 더 생각해보자면 환영으로부터 해탈한다는 생각 역시 환영이 된다.

만약 그들의 주장처럼 모든 것이 환영이라면 종교, 신, 인간, 구원 같은 것에 대한 논의들이 무슨 소용인가? 그런 철학 이론에 따른다면 모든 것은 환영의 결과물이라는 결론에 이른다. 하지만 그렇지 않다. 절대 그렇지는 않다. 분명히 당신의 모든 생각, 상상, 철학보다 더 진실한 무언가가 있다. 그것은 바로 그것들을 생각하는 주체이다. 생각하는 주체, 즉 생각을 품는 자가 없다면 이것이 환영이고 저것이 환영이 아니라고 말할 수 있는 자는 없을 것이다. 그렇다면 환영은 비환영처럼 하나의 생각, 즉 개념일 뿐이다. 이런 사상에서 유일한 진리, 거부할 수 없는 진리는 생각하는 자이다. 이 생각하는 자는 자신의 내재한 신성한 계획에 따라 모든 생각을 본성에 맞게 만들고 또 없앤다.

46
본래의 생각

긍정적이고(본래 존재하고) 진실한(실재하는) 생각은 생각하는 자의 진정한 본성과 일치한다. 이런 관점에서 옳은 생각과 옳지 않은 생각의 구분이 생긴다. 우리의 마음이 옳지 않은 생각이나 부정적인 생각을 일으키고 있다면 유한한 마음이라 말할 수 있다. 또 영원한 조화와 질서에 부합하고 신의 질서에 일치한다면 신의 마음이라고 할 수 있을 것이다.

47
부정적인 관념

왕국 안의 모든 상태는 긍정적(본래 존재하는)이다. 잘못된 생각으로 그 상황들을 부인하는 것은 부정적인(본래 존재하는 것을 부인하는) 관념이다. 그러므로 결핍, 손실, 부재를 심어주는 것들은 부정적인 관념이다. 부정적인 관념은 독립적으로 존재하지 않는다. 단지 긍정적인(본래 존재하는) 사실을 부인할 때만 존재하게 된다. 신성한 계획과 현현 속에 영원히 존재하는 모든 사물과 조건은 긍정적 사실이다.

부정적인 관념을 부정하는 것은 잘못된 일이다. 존재하지 않는 것을 부정하는 순간, 그것을 존재하는 것처럼 만드는 셈이 되기 때문이다. 존재하지 않는 것들은 부인할 필요도 없다. 예를 들어 테이블이 존재하지 않는다고 말한다면 그것은 존재하지도 않는 테이블이라 불리는 것이 있음을 전제한 꼴이다. 그렇기에 긍정적인(본래 존재하는) 사실을 실현하기 위해서 부정적인(본래 존재하지도 않는) 관념을 거부해서는 안 된다.

존재하는 것은 영원하고 절대적이며, 부정적 관념은 단지 그 긍정적 사실을 정신적으로 부인하거나 거부하는 것에 불과하다.

48
유한한 마음

이 눈에 보이는 세상은 유한한 마음의 산물이 아니다. 무엇이 보이고 무엇이 보이지 않는지는 우리의 시각이 결정한다. 우리가 볼 수 있는 만큼이 보이는 것이고, 볼 수 없는 만큼이 보이지 않는 것이다. 우리는 모든 것을 보는 자이다. 지금 눈앞에 드러난 것만이 아니라, 아직 시야 너머에 있어 보이지 않더라도 언젠가 보게 될 것까지 포함해 모두를 보는 자이다.

단단한 물체를 끝없이 쪼개 마침내 사라질 듯한 지점에 이른다 해도, 그것이 그 물체의 부재를 증명하는 것도 아니며, 그것이 유한한 마음에서 비롯된 경험이라는 증거가 되는 것도 아니다.

49
하나의 마음

만약 이 유한한 마음이 오류라고 인정된다면 어떻게 유한한 마음에 의해 행해진 실험들이나 유한한 마음에 의해 얻어진 경험들로 진리를 증명할 수 있겠는가? 어떤 마음으로 진리와 거짓 사이에 구분선을 지을 수 있겠는가? 어떤 마음으로 무엇이 신성한 마음이고 무엇이 진리인지를 인식하고 결정하겠는가?

마음은 유한하지도 무한하지도 않다. 단지 존재한다. 그 마음을 사용하는 취지에 따라 유한하기도 하고 무한하기도 하다. 현대 과학이 말하기를, 만물은 궁극 에너지(Final Energy)로 환원될 수 있다고 한다. 만약 이 결론 위에 영적 철학을 세우고자 한다면, 우리의 모든 생각과 분석, 그리고 관찰이 유한한 마음의 산물이라고 말해서는 안 된다.

50
영원한 변화가능성

사물의 외형은 당신의 확장되는 인식에 따라 보이게 된다. 이 사물의 외형은 계속 변한다. 그러나 그것의 변화함 속에서 그 본질은 영원하다. 하나의 사물을 어떤 형태로 보게 되는지는 신성한 계획에 맞춰서 일어난다. 사물의 외형을 본다고 환영 속에 있는 것이 아니다. 단지 잘못된 사고를 할 때에만 환영 속에 있는 것이다. 왜냐하면 잘못된 사고를 하고 있을 때에는 사물에 잘못된 가치를 부여하기 때문이다.

올바르게 생각하지 못하면 삶을 바라보는 시야가 한계에 갇혀 탐욕과 이기심이 생긴다. 그리고 만물이, 심지어 우리의 개성마저 변화한다는 것을 잊는다. 우리는 그 무엇도 붙잡을 수 없다. 하나의 대상에 대한 집착을 내려놓지 않으면, 그것은 말할 수 없는 고통을 주며 사라지거나, 어떤 방식으로든 우리로부터 떨어져 나가게 될 것이다.

51
영원한 신의 선물

만물은 영원하고 지금 나에게 주어진 것은 나의 시기적절한 사용을 위해 내 옆에 머무는 것이라는 바른 견해를 지녀라. 그리고 그 주어진 것들을 신의 선물로 받아들이면서 아낌없이 사용하라. 어떤 것도 잃지 않는다는 것을 알기에 무언가가 사라질 것이라는 두려움을 지니지 말라.

그러나 잘못된 생각에 사로잡혀 있다면 부를 얻고도 그것을 쌓아두기 위해 늘 긴장 속에서 살면서 지속적인 마찰을 겪게 될 것이다. 그 결과 삶을 즐기는 기능을 잃게 되는데, 이것을 영혼의 죽음이라고 부른다.

영혼이 죽음을 맞이했다면 숨을 쉬고 있더라도 죽은 것이다. 왜냐하면 우리가 얻은 것들을 누릴 수 없기 때문이다. 아무리 어떤 대단한 것을 손에 쥐고 있다고 하더라도 그런 긴장 속에서 무슨 이득이 있겠는가? 아무런 이득도 없다. 단지 걱정과 근심만을 얻을 뿐이다. 성공에 대한 잘못된 인식 때문에, 한때 당신을 애정으로 돌봐주었던 사람들에 대한 사랑과 애정까지 잃게 된다.

52
믿음을 간직한 마음

우리는 미친 듯 세상의 것들을 얻기 위해 살았다. 잘못된 생각 속에서, 신성한 권리에 의해 본래 우리에게 속한 것은 결코 빼앗길 수 없다는 진리를 잊었다. 진실한 믿음과 평화로운 마음을 가질 때, 우리의 마음은 자연의 생명 계획과 조화를 이루고, 그 조화 속에서 상응의 법칙에 따라 마땅히 우리 것인 것을 받게 된다. 이것이 곧 게으르게 앉아 있다가 하늘에서 무언가가 떨어지기를 기다리라는 뜻은 아니다. 적절한 때와 방식에 따라, 내면의 충동과 인도가 우리를 옳은 행동으로 이끌어 준다는 뜻이다.

믿음을 통해 완벽하게 평화로운 마음을 갖는다면 무한한 생명으로부터 영감이 주어진다. 왜냐하면 그때 '자의식을 지닌 정신적 생명(self-conscious mental life 인간)'이 신성한 계획의 법칙과 조화를 이루기 때문이다. 그 계획에 따라 필요한 영감을 받는다.

요구하기도 전에 신은 대답한다! 신성한 계획 혹은 목적은 신의 섭리라고 불린다. 신의 뜻을 행할 때 올바른 일을 하게 되고, 그 결과 평화와 행복을 얻게 된다.

53
장애물, 더 높은 세상으로 가기 위한 디딤돌

진리는 긍정적이며, 우리의 모든 진실한 욕망들도 긍정적이다. 그렇다. 우리의 진정한 욕망은 신이 주신 선물이다. 그러니 그것이 이루어지는 것에 대해 어떤 두려움도 지닐 이유가 없다. 이 진리를 마음속에 간직하면 두려움과 걱정이 사라질 것이다. 우리의 마음을 신에게 향한 채로 목적을 향해 나아가라. 무너뜨려야 할 장애란 존재하지 않는다. 우리가 장애라고 부르는 것은 단지 더 조화로운 삶으로 나아가기 위한 하나의 디딤돌일 뿐이다.

만약 세상이 전해주는 두려움과 한계에 위축되지 않는다면 우리는 모든 장애물 안에 숨겨진 신의 메시지를 읽을 수 있을 것이다. 패배나 실패 앞에서도 시야를 확장하여, 온 세상이 당신의 무대임을 깨닫고, 젊고 활기찬 정신을 유지하라. 낙관주의란 자신의 눈을 가린 한계를 벗어던지고 기회를 바라보는 시선에 대한 또 다른 이름이다. 또한 어떤 것이 한쪽 문을 통해 들어오지 않는다면 다른 문을 통해서 들어온다는 것을 아는 내면의 깨달음이기도 하다.

소위 실패라 부르는 것은 전능자가 우리에게 보내는 초대장이다. 그것은 삶의 좁은 영역을 벗어나 무한한 기회의 땅으로 나오라는 부름이며, 잠재된 힘에게 깨어나 더 온전히 생명을 드러내라는 외침이다. 인생의 고귀한 여정에서 궁극적 성공을 믿는 것은 모든 선하고 참된 것을 믿는 것이다.

54
우회로

우리가 걸어가는 길은 결코 막다른 길이 아니다. 길을 가는 중에 나타나는 장애물은 그 길의 끝을 말하는 것이 아닌 단지 길의 굽이일 뿐이다. 인생의 모든 순간과 사건을 즐기면서, 예언자의 열정의 마음을 지닌 채 계속 걸어가라. 사랑하라. 생을 살라. 그리고 비틀거리고 있는 사람들에게 희망의 메시지를 안겨주어 그들이 자신들의 삶을 영위하도록 만들라. 그것이 인간 생명의 의미이다. 무엇이 두려운가! 두려움은 아무

것도 가져다주지 못한다.

저 사막을 가로지르는 여행자처럼, 우리 역시 목표를 향해 가게 될 것이다. 미소를 짓는 자, 그리고 다른 이를 미소 짓게 하는 자, 또 상처받은 가슴에 즐거움이란 선물을 선사하는 자, 이런 자들은 삶에서 가장 좋은 것을 얻게 된다.

우리의 행동의 가장 주요한 동기는 행복이다. 행복은 우리 앞에 있는 것이 아니라, 바로 우리와 함께 있다. 행복은 오직 참된 것만을 생각하고 믿으며, 그 본성에 맞게 살아가는 삶 속에 있다.

55
자신을 속이는 일

부자의 어깨에 짊어져 있는 짐과 가난한 자의 발에 묶인 족쇄는 한 점의 행복도 가져다주지 못한다. 어깨에 짐을 지고 발목에 족쇄를 찬 상태로는 그 누구도 자유인의 특권을 누릴 수 없다. 자유롭고자 한다면 이런 정신적인 노예상태에서 벗어나라.

지금 선한 일들을 행하라. 바로 지금이 행복할 때이다. 내일을 기다리지 말라. 내일은 결코 오지 않는다. 지금 행복할 의무를 내일로 미루는 것은 막대한 행복이 다가오는 길을 막도록 자신을 속이는 것이다.

56
영원한 시간 속, 이미 이루어진 일

우리가 해야만 하는 모든 행동들, 우리가 받아야만 하는 모든 것, 그리고 우리가 생각해야만 하는 모든 생각, 이것들 모두는 완벽한 조화의 계획에 따라 영원의 시간 속에서 이미 했고, 이미 받았고, 이미 생각했다. 이 사실을 자각하고 사는 것이 바로 왕국 안에서 사는 것이다. 반드시 이미 이루어졌다고 확신하는 것은 이루어질 것이다.

흔들림 없는 믿음으로 정신적인 확신을 반복한다면 이것은 이미 존재하는 것을 확인하는(긍정적인) 행동이다. 이런 행위는 본래의 우주의 본성과 조화되며, 영원의 시간 속에서 이미 이루어져 있다. 우리가 이 진리를 마음속에 간직한다면 걱정과 두려움은 사라지고 우리가 구하고자 하는 것을 성취하게 될 것이다. 이 진리를 절대적으로 확신하고 싶다면, 내면에 거하는 영이 "그것은 이루어질 것이다"라고 말하고, 당신이 그것을 듣고 있는 모습을 상상하라.

57
정신적 반응

 빛을 외면한 채 어둠만을 붙드는 생각은 어둠의 환영일 뿐이다. 어둠에 물든 마음이 창조한 것으로부터 얻게 된 정신적 반응은 '영적인 조화의 신성한 계획'과는 일치하지 않는다. 그렇기에 그것은 결코 행복과 평화를 가져오지 않는다. 하지만 잘못된 것을 바로잡아주는 신성한 법칙은 그런 불쾌한 반응들 사이로 구원의 빛을 쏟아낸다.

58
원인과 결과의 법칙

 반응의 목적은 당신의 정신적 생명을 자연의 창조계획에 맞게 재조정하는 것이다. 그러므로 우리는 인과의 법칙이 진리를 부정하고 부인하는 중에만 존재한다고 주장한다. 신성한 창조계획 안에는 그것이 존재하지 않는다. 우주는 전체적으로 인과의 산물이 아니며, 인과의 법칙에 의해 지배되지도 않는다. 우주는 바로 창조생명의 본성 그 자체이다. 자연의 창조계획은 우리의 변화하는 삶의 관점에 따라 자동적으로 나타나는 것이다.

59
원인과 결과의 법칙과 영계

 원인의 세계, 즉 진리를 부인하는 정신적 세계에서의 우리의 반응은 사라져버릴 것이다. 그 자리는 정신적 생명의 부활로 인해, 신성한 조화의 법칙과 조화를 이루는 영적 변화로 채워질 것이다. 진실하지 않은 것은 사라져야만 한다. 그렇기에 무지 속에서 생각한 것은 그 원래의 무(無)의 상태로 다시 사라져버릴 운명이다.

 불멸의 빛이 우리와 우리 주변을 환하게 비춘다. 결코 이 빛으로부터 벗어날 수 없다. 인과관계의 법칙은 사라져버릴 것이고 오직 영원한 생명의 법칙만이 영원한 시간 속에서 계속될 것이다. 이것이 바로 깨달은 영혼들이 늘 말해온 왕국이다. 인류는 이 왕국을 깨닫게 될 것이며, 더욱 충만하게 깨닫게 될 것이다.

60

 우리의 메시지를 공부하던 한 젊은 여성이 나를 만나러 왔다. 그녀는 앉자마자 불평을 늘어놓기 시작했다.
 "왜 당신은 다른 사람들에게 보이던 배려와 관심을 제게는 보여주지 않고 저를 무시하는지 알아야겠어요."

나는 대답했다.

"사랑하는 이여, 그건 어떤 외적인 이유 때문은 아닙니다. 당신도 알다시피 당신은 젊고 아름다운 여인입니다. 하지만 그런 것보다 더 중요한 것이 있습니다. 당신은 부정적인 생각들과 세상의 가십들을 늘어놓는 나쁜 버릇이 있는 듯합니다. 당신이 하는 대화 대부분은 어떤 잘못된 일을 했던 누군가의 이야기이거나, 하지 말았어야 할 말을 했던 누군가의 이야기이거나, 벌을 받아야 할 사람에 관한 이야기입니다. 당신은 아직까지 저에게 단 한 번도 고양되는 생각이나 메시지를 전해준 적이 없습니다. 당신 삶에서 법칙이 얼마나 경이롭게 작용하고 있는지에 대해서는 아예 언급을 하지 않았습니다."

61
올바른 생각

"하지만 다른 사람들의 경우에는 어떤가요? 그들은 제게 와서는 멋진 메시지를 전해주고 갑니다. 그들은 제게 믿음을 불어넣는 말을 하고 신에 대한 헌신을 고양시켜주는 말을 하며, 제 시야를 넓게 확장시켜줍니다. 당신이 삶의 작은 것들에서 법칙이 작동하는 것을 보게 될 때 당신 역시 제 관심을 더 크게 받을 겁니다. 그때가 된다면 당신과의 대화가 저에겐 기쁨이 되겠지요."

그녀는 내가 하는 말을 주의 깊게 들었다. 잠시간의 침묵이 흐른 후에 그녀는 입을 뗐다.

"아, 저는 이 짤막한 대화에서마저 법칙이 작동하는 것을 봅니다. 분명 이 대화로 인해 제 마음에서 무언가가 사라져버렸습니다. 대단히 감사합니다. 정말 놀라워요!"

나는 기쁘게 그녀의 손을 잡으며, 예수께서 하신 말씀을 상기시켜 주었다.

"누가 나의 어머니인가? 또 누가 나의 형제인가?... 하늘나라에 계신 내 아버지의 뜻을 행하는 자는 누구든지 나의 형제요, 나의 누이요, 나의 어머니이다."

62

다시 그녀를 만나게 되었을 때 예전과는 완전히 다른 분위기를 풍기고 있었다. 이제 그녀는 법칙이 경이롭게 작용하는 이야기와, 진리에 헌신한 사람의 삶 속에서 그 법칙이 어떻게 작동하는지만을 말했다.

63
정확한 원리가 규제하는 세상

우리 삶에는 우연처럼 보이는 일들이 많지만, 실제로는 그렇지 않다. 삶에 나타나는 모든 것 뒤에는 매우 정확한 원리가 있다. 그 원리란, 영원한 계획이 없다면 영원한 우주의 에너지는 어떤 생명도 나타낼 수 없다는 것이다. 모든 것은 영원해야만 존재할 수 있다. 이 단순한 사실을 이성으로 부정할 수는 없다.

당신은 자의식을 가진 생명으로서 자신을 알고 있으며, 이 생명이 영원한 계획의 본성 안에 존재하는 실재임을 안다. 그렇다면 이 생명이 표현하는 모든 것 역시 그 영원성 속에 존재하는 실재이다. 실재이기에 피할 수도 변할 수도 없다. 이것이 예수 그리스도가 깨달았던 놀라운 진리이며, 그가 "너희 중 누가 생각으로 키를 한 큐빗이라도 더할 수 있겠느냐?"라고 말한 뜻이다.

이것은 부정적인 운명론이 아니다. 이 진리가 말하는 것은, 자의식을 지닌 정신적 생명으로서의 인간이 이 가르침을 깨닫고, 자신을 분리된 생명이나 분리된 활동으로 보는 관념에서 벗어나 하나의 생명으로서 작용함을 인식하게 하는 것이 신의 계획이자 의지라는 것이다. 세상이 말하는 선과 악에 대한 부정적 개념에서 벗어나, 신성한 법칙과 실재에 가까워질수록 이 진리를 더욱 깊이 깨닫게 된다.

64
신의 법칙에 따르기

부질없는 것은 부질없는 것이다. 비록 그것을 모으는 데 많은 시간, 심지어 한 생애를 바쳤다 해도 여전히 부질없다. 마음이 자유롭고 맑지 않다면 신의 빛은 그 마음 안에 들어오지 못한다. 당신이 신에 대해 어떤 관념을 품었더라도, 신의 법칙과 조화되지 않으면 자신을 조금도 더 신성하게 만들 수 없다. 자신이 신에게서 태어난 존재임을 깨달았다면 반드시 신의 일을 해야 한다. 그렇게 신의 일을 하는 자만이 끊임없는 기쁨과 평화, 행복을 누리며, 그로써 자신을 영광스럽게 할 것이다.

65
심상과 현시

심상을 통해 새로운 결과를 만들려 하지 말고, 왕국 안에서 '영원히 우리의 것'을 자각하라. 심상을 통해 어떤 새로운 결과를 만들려고 한다면, 그것을 끌어오는 데는 성공할 것이다.

그러나 그것이 당신에게 행복과 평화를 줄 것이라고는 장담할 수 없다. 우주의 계획에 따라 본래 당신의 것이 아닌 것은, 비록 끌어왔다 해도 결코 행복과 평화를 주지 못한다. 이미 그것을 가지고 있다는 의식으로 살아라. 그러면 그것을 갖게 될 것이다. 왕국 안의 것이 이 세상에 나타나려면 반드시 믿음 위에 세워져야 한다.

66

소망하는 모든 것을 왕국 안에서 이미 다 갖고 있다는 자각은 미래에 대한 걱정으로부터 벗어나게 해줄 것이다. 그것이 바로 현재의 삶에서 원하는 것을 받는 '왕국의 방식'이다. 소망하는 것이 왕국 안에서 영원히 이루어졌다는 자각 속에서 정신적 안식을 취할 수 있다면 원하는 결과를 쉽게 현실로 만들 것이다. 그러므로 어떤 새로운 결과가 일어나기를 기대하지 않는다. 그것은 단지 의식 속에서 탄생한, 영원 속의 결과일 뿐이다.

67
신의 사랑

당신은 인간의 사랑과 영적 사랑 사이에 경계선을 그을 수 있다고 생각하는가? 그럴 수 있을 거라는 생각은 버려라. 이 우주에는 오직 하나의 사랑만이 있는데, 곧 신의 사랑이다. 지금도 그러하며, 앞으로도 영원히 그러하다.

하지만 집착은 사랑이 아니라 영원한 것을 왜곡해서 사용하는 것이다. 아버지, 어머니, 형제, 자매, 그리고 당신의 연인에 대한 사랑은 신의 사랑이다.

전능한 신은 그분의 영원한 계획에 맞춰 당신의 가슴 안에 그 사랑을 심으셨다. 당신의 사랑 안에서 신의 사랑을 인식할 때 당신을 통해 사랑을 하는 주체는 바로 전능한 신이다. 그 사랑 안에서 당신은 신이 당신에게 베푸시는 풍성함을 보게 된다.

인간의 사랑은 신의 서약이다. 그 누구도 이에 의문을 제기할 수 없고, 그 누구도 사랑을 판단할 수 없다.

"하나님이 하나로 묶은 것을 그 누구도 나누지 말게 하라."

이 결정은 전능한 신이 재판관으로 있는 최고 법정 앞에서 내려진 것이다. 인류가 진보할수록 이 진리를 더욱 깊이 깨닫게 될 것이다.

68
이상적인 사랑

 진정으로 사랑해본 적이 있는가? 그렇다면 그 순간, 당신은 영원 속에 살며 사랑이 결코 끝나지 않는다는 신의 음성을 들은 것이다. 사랑은 진정 끝이 없고 영원히 확장한다. 사랑의 경계는 무한하다. 당신의 동물적 습성이 마음을 흐리게 만들고 시야를 가릴지라도 당신의 사랑은 여전히 남아있다. 파멸과 멸망을 뜻하는 탐욕과 감각의 유혹 밑에서도 사랑은 남아있다. 그 사랑은 결코 저 멀리로 사라지지 않을 것이다.

 새벽이 다가와 당신의 모든 동물적 열정이 잠 속으로 빠져들 때, 그리고 당신이 고요히 머리를 내려놓고 생각할 때면 이상적인 사랑의 비전이 다시 깨어날 것이다. 그것은 천상의 노래를 귓가에 들려줘 지친 당신의 영혼을 달래준다.

 사랑은 인간의 창공 위에서 가장 빛나는 별이다. 동물적인 열정은 타서 잿더미가 되어 그것의 원래 자리인 무(無)의 상태로 가지만 사랑은 일구어질수록 점점 더 커져만 간다. 사랑의 경계는 끝없는 영역을 향해 계속 넓혀지고 있다. 사랑은 그 장엄한 손길로 모든 것을 하나로 묶는다. 그것은 인류, 피부색, 종교라는 장벽을 무너뜨린다.

69
사랑하는 법

활기차고 찬란하게 빛나기 위해서는 반드시 사랑해야 한다. 사랑함으로써 사랑하는 법을 배우고, 사랑한다고 생각하며 믿음으로써 그 찬란한 속성을 만들어낼 수 있다.

영적인 인성을 발전시키기를 원하는가? 그렇다면 모든 사람과 피조물을 당신 곁으로 끌어들여라. 당신이 말하는 모든 말과 생각하는 모든 생각에 사랑을 담아라. 당신의 존재 전체가 사랑으로 숨 쉬게 하라.

그 사랑이 펼쳐지는 과정이 더디다고 실망하지 말라. 당신은 조금씩 우주를 사랑하는 자가 될 것이다. 지금은 사랑의 범위가 한정되어 있을지라도, 이를 매일 실천한다면 마침내 만물을 포괄하는 사랑에 이르게 될 것이다.

70
사랑함으로 사랑을 받는다

심지어 감정적 사랑일지라도 영적인 차원에서 빛을 발산한다. 당신이 내어주는 것은 그것과 비슷한 성질의 것을 당신에게 끌어온다. 사랑을 함으로써 사랑하는 법을 배울 뿐 아니라, 사랑 받게 된다. 사랑과 조화하지 않는 유일한 것은 진리가 아닌 것이다. 가장 이상적인 모습으로 표현된 사랑은 인간을 신인(God-man : 神人)으로 만든다. 그리고 그 사랑은 너무도 커서 모든 사람을 품을 수 있다. 사랑은 어떤 힘도 들이지 않고 정복하고, 어떤 요구도 없이 자신을 내어준다.

71
세상을 덮는 사랑

인도에서 한 수행자를 만났던 적이 있다. 그는 위대한 사랑의 실천가였고, 그처럼 위대한 사랑의 마음을 지닌 사람을 본 적이 없었다. 그는 이곳저곳을 떠돌며 온갖 선한 일을 했다. 만물을 향한 그의 사랑은 너무나 컸다. 그는 항상 큰 나무 아래에서 지냈다. 어떤 사람들은 그의 기행 때문에 미친 사람일 거라고 생각하기도 했다.

예를 들어 한번은 그가 간단한 음식을 장만해놓고 있는데 개 한 마리가 빵을 훔쳐서 달아났다. 수행자는 개를 쫓아가며 말했다.

"오, 주여, 제가 버터를 바를 테니 조금만 기다리십시오!"

이런 기이한 행동은 눈을 가린 장막 너머를 볼 수 있는 사람들에게 그의 참모습을 드러냈다. 그는 모든 존재와 사물 속에서 신을 자각하고 있었으며, 신으로 가득 찬 세상 속에서 살고 있었다.

그의 성격은 매우 편안해서 사람들의 마음을 안정시켜주었고 그의 말은 항상 용기를 북돋아 주었다. 그래서 가난한 자이든 부자이든, 아프거나 슬프거나 문제에 직면할 때, 사람들은 그를 찾아와 평화와 위안을 얻고자 했다.

"신은 사랑이다"라는 말은 진실이다. 신의 가장 높은 속성이자 인간의 가장 높은 속성은 바로 사랑이다.

72
인간의 사랑, 신성함

어떤 철학은 인간의 사랑이 지나치게 감정적이라고 비난하지만, 이는 신의 진리와 생명의 신성한 표현을 부정하는 것이다. 그런 철학은 영원한 것의 신성과 고결함을 빼앗는다.

인간의 사랑이 감정적인데 어쩌란 말인가? 그 사랑이 신성한 계획 안에 존재하지 않았단 말인가? 이런 인간의 사랑이 없었다면 지금의 생명은 어떻게 되었을까? 한 영혼이 다른 영혼 안에서 그 자신을 축복할 수 없었다면 이 세상은 어떻게 되었을까? 어머니와 아버지의 이끌림의 작용이 없었다면 인류의 생명 표현은 어떻게 되었을까? 이 과정이 더 이상 필요치 않다면 어떤 인간적인 형태도 나타나지 못할 것이다. 아마도 그랬다면 인간이라는 생명의 표현은 더 이상 지금처럼 존재하지 못했을 것이다.

73
인간의 사랑, 순수함

나는 내 아버지 어머니의 사랑이 순결하지 않은 것이라고는 생각하지 않는다. 또 두 분의 사랑의 결실인 나의 현재 모습도 신성하지 않은 것이라고는 생각하지 않는다. 나는 그 사랑을 순전히 신의 표현으로 인식한다.

내 아버지와 어머니의 사랑이 신의 사랑임을 안다. 세상에 태어나는 모든 아이는 나에게는 신성하게 보인다. 왜냐하면 신의 아버지-어머니 원리(Father-Mother Principle of God)를 통해 온 것이기 때문이다. 당신이 그 사실을 인식하든 그렇지 않든, 영원한 진리는 변함이 없다. 자의식을 가진 정신적 생명이 기쁜 반응을 경험하든 불쾌한 반응을 경험하든, 신의 법칙과 신의 계획은 여전히 그대로이다.

인간은 옳고 그름을 선택할 수 있는 권한을 가지고 있다. 하지만 신의 뜻을 행하려는 자, 참된 기쁨을 얻고자 하는 자는 반드시 옳은 선택을 해야만 한다.

74
소망을 가장 빨리 현현하는 방법

 인간은 시간이라는 개념 속에서 끊임없이 드러나는 신성한 계획을 의식하게 된다. 그로 말미암아 인간의 눈에는 어떤 새로운 것이 나타나는 것처럼 보인다. 인간에게는 어떤 것이든 현현할 수 있는 선택권이 주어졌지만 그 중에서 영원한 것들을 선택한다면 자유롭게 된다. 진리가 가장 빠르게 당신 앞에 드러나길 원한다면, 새로운 결과가 나타나기를 기대하지 말고 그것이 영원의 시간 속에서 언제나 당신을 위해 이미 존재한다고 주장하라.

 원하지 않는 것이 사라지기를 바라는 마음으로 원하는 상태를 주장하지 말고, 그것이 본래의 정상적이고 자연스러운 상태인 것처럼 주장하라. 신성한 계획과 조화를 이루는 것을 주장하는 것은 곧 이미 현실이며 당연한 것을 주장하는 것이다. 당신은 이미 자유롭다. 그래서 당신이 자유롭게 될 것이란 말은 옳지 않다.

 만약 그런 앎과 자각 속에서 살고 행동한다면 원하지 않는 상태라 불리는 것은 어떤 문제도 일으키지 않을 것이다. 그것들은 아무 예고 없이 사라질 것이며, 당신은 그 상태를 마음속에서 놓아버리게 될 것이다.

그에 저항하거나 신경 쓸 필요는 없다.

75
믿음의 중요성

하루는 중년의 여인이 종양 치료를 위해 왔다. 난 그녀에게, 왕국에는 어떤 종양도 없으니 그 왕국에 자신이 있는 것을 보라고 했다. 그리고 마음속에서 자신을 보며 그 비전과 맞추어 살고 행동하라고 했다. 왕국 안에서는 종양과 같은 것은 아예 존재하지 않기 때문에 종양에 대해서는 어떤 생각도 할 필요가 없다고 말했다. 그리고 나 역시 그녀가 왕국 안에서 완벽한 상태로 있다는 인식을 통해 강력한 도움을 주었다. 그러자 마치 마법처럼, 몇 주가 지나기 전에 종양은 사라졌다. 강한 상상력이나 믿음을 가진 환자는 논쟁적인 태도를 지닌 사람보다 훨씬 쉽게 마음을 움직일 수 있음을 알 수 있었다.

76
치유가에 대한 신뢰

환자가 지시를 그대로 따른다면 그런 타입의 사람은 치유의 상상에 쉽게 반응한다. 하루는 치유를 끝마치고 환자에게 곧장 집으로 돌아가 자신이 왕국에 있는 상상을 계속 하라고 말했다. 환자는 집으로 돌아가는 길에 잠시 친구를 만나고 들어갔다. 그 남자가 다시 나를 찾아왔을 때는 그다지 큰 호전이 없어 보였다.

나는 그에게 나의 말을 하나도 빠뜨리지 않고 따랐는지 물어보았다. 아주 잠시 친구를 만나러 갔던 것을 제외하고는 말을 따랐다고 했다. 그 남자는 아주 짧은 방문이어서 그것이 그렇게 큰 문제를 일으킬 거라고는 생각하지 못했다. 나는 그에게, 당신은 쉽게 마음을 움직일 수 있는 부류의 사람이 아니라고 했다. 그 이유는 치료의 효과를 내는 데 큰 부분을 차지하는 것이 절대적인 믿음과 복종인데, 그 남자에게는 그런 것이 부족했기 때문이었다.

77
주는 것, 받는 것

치유가 어려운 또 다른 유형의 사람이 있다. 자신을 치유한다면 후하게 보상하겠다고 말하는 사람이다. 그건 마치 우주의 법칙을 돈으로 살 수 있다는 태도와 같다. 그런 경우에는 그 사람과 친절하게 짧은 대화를 나눈 후 집으로 돌려보내는 것이 낫다. 그 사람이 만약 다시 돌아온다면 치료하기에 더욱 적당한 마음태도를 지닌 채 돌아올 것이다.

어떤 사람들은 치유를 행하는 자가 대가를 받아서는 안 된다고 생각한다. 그 생각 자체는 훌륭하다. 그러나 환자에게 최선을 다해서 헌금을 내라고 말한다면 환자의 한계를 알 수 있다. 만약 당신이 어떤 사람에게서 한계를 제거하지 못한다면 그 사람은 어떤 치유 효과도 얻지 못할 것이다. 치유를 받거나 혹은 가르침을 받을 때 그 비용을 지불하는 것을 불평하는 사람은 적게 주고 적게 받는 사람이다.

그들은 이런 태도가 진리에 대한 진실하지 못한 마음태도를 보여주는 것이라고는 생각하지 못한다. 늘 1달러나 1센트만을 신경쓰고 있는 것이다. 예수에게 찾아와 자신들의 병을 고쳐달라고 했던 당시 사람들은 '주'의 돌봄에 자신이 가진 것 모두를 바쳤다. 그렇기에 그들이 왜 그렇게 빨리 치유되었는지 의아해할 필요가 없다.

78
헌금

환자들이 속박에서 벗어나는 하나의 방법을 발견했다. 그들이 헌금을 하기 전에 다음의 기도를 우선 하라고 시킨다.

"주여, 이것이 그대의 돌봄에 제가 드리는 최선의 것입니다. 제게는 이것이 제가 드릴 수 있는 최선이기에, 저 또한 최선의 것을 받습니다. 당신께서는 제 마음의 가장 내밀한 부분까지도 알고 계십니다."

이런 기도를 드린 까닭에 기도가 성공하거나 실패하더라도 자신의 마음이 한계에서 벗어나지 않았다면 다른 이를 비난할 수는 없을 것이다. 병은 정신적인 속박이 외부로 나타난 것이다. 그 속박에서 스스로를 해방시키는 순간, 마음은 다시금 만물의 신성한 질서와 조화를 이루게 된다.

79
보상

치유가가 돈이나 헌금을 받는 문제에 대해 몇 마디 하고자 한다. 나는 헌금 자체가 잘못된 것이라 생각하지는 않는다. 그러나 치유가는 항상 물질적인 유혹에 쉽게 노출될 수 있다는 점에서 주의가 필요하다. 만약 치유가가 인류의 고통과 아픔을 덜어내고자 하는 진실한 마음을 잃는다면 진정한 헌신의 아름다운 정신도 함께 잃게 될 것이다.

80
얻는 것

사람들은 얼마나 받는지에 대해서는 의문을 제기하지는 않지만 얼마나 주어야 하는지에 대해서는 의문을 제기한다. 주는 것은 전적으로 자신의 특권이다.

"주는 대로 받는다."

이 말은 우주의 정의 법칙에 기초한 것이다. 우리의 모든 것은 영이 우리에게 내려준 것이다. 이렇게 우리가 받은 것들을 아낌없이 줄 수 있는 자들에게는 어떤 손실도 일어나지 않는다.

그렇다면 손실을 겪는 자는 누구인가? 그것은 영에게서 아낌없이 받은 것을 다른 이들에게 아낌없이 나누지 못하는 자다.

81
일하는 자는 대가를 받을 가치가 있다

진리의 교사가 영적인 서비스를 하고 그것에 대한 보상을 받는다면 사람들은 그것을 두고 상업적이어서 부당하다고 말할지 모른다. 하지만 신성함과 타락함을 결정하는 기준은 보상을 받는 것 그 자체에 있지 않고, 어떤 마음으로 받는가에 달렸다.

혹여 영리적인 측면이 있다면 반드시 '모든 행위를 일으키는 자는 하나님(One)이다'라는 자각과 영적 동기를 통해서 동기를 신성한 것으로 만들어야 한다. 예수 그리스도 또한 이렇게 말했다.

"아버지가 이제까지 일을 하시니 나도 또한 일한다."

또 이렇게 덧붙였다.

"일하는 자는 그 대가를 받을 가치가 있다."

82

어느 날 한 여인이 나를 찾아와 불평을 쏟아냈다.

"어떤 분은 단지 1달러만을 선생님께 드렸는데도 아주 빠르게 치유가 됐어요. 그런데 저는 5달러를 냈는데도 만족할 만한 결과를 얻지 못했어요. 이유를 한번 말씀해주시겠어요?"

나는 대답했다.

"그 이유는 아주 명백합니다. 그분은 자신의 기도에 진실했고, 또 능력에 비추어 최선을 다한 금액입니다. 그런데 확실히 당신은 그렇지 않았군요. 당신의 마음은 한계에 묶여 있습니다. 그래서 당신은 당신이 기부한 금액만으로 판단하면서 문제의 진실한 면은 보고 있지 못한 겁니다."

그녀는 매우 불쾌해하며 집으로 돌아갔다.

83
생명의 영적인 관점

치유의 주제로 다시 돌아가 보자. 나는 모든 존재와 만물이 영원한 신의 계획에 따라 완전하다는 것을 깨닫는 것이 왕국의 방법이라고 말했다. 이 왕국의 방법을 통해서 많은 사람들이 치유되는 것을 보았다. 물론 이 방법은 일반 사람들의 마음을 쉽게 움직이도록 고안된 방법이다.

무엇보다 '영원히 완전한 자신의 영'을 인식한다면 더 큰 권능과 힘을 얻게 된다. 그러나 초심자는 이를 단번에 깨닫기 어렵다. 생각하는 주체인 내가 질병이나 환경이라 불리는 것들보다 더 위에 있다는 것을 알게 되면 지배자의 권능을 갖게 된다.

영적으로 성장하여 '나'란 썩어 없어질 육신이 아니라 영원한 영적 존재임을 깨닫게 되면, 더 이상 육신의 관점에서 행동하거나 생각하지 않는다. 만약 육신의 관점에서 다시 행동하거나 생각한다면, 반작용의 채찍이 그를 몰아 다시 본래의 영적 관점에서 행동하게 만들 것이다. 우리는 마음과 몸을 무엇이라 생각하든, 믿는 그대로 그에 반응하게 될 것이다.

84
궁극적 에너지

모든 것을 포함하고 모든 것 그 자체인 '불멸하는 근원생명' 안에서는 그 어떤 것도 사라지지 않는다. 지금 우리가 가진 모든 것과 우리가 바라는 모든 것은 오직 하나의 영이 다양한 모습으로 나타난 것일 뿐이다. 이 육신 또한 끝까지 분석해 들어가면, 보이지 않는 영적 질료임을 알게 된다. 이 현상계 우주의 모든 것은 그 기원을 추적하면 헤아릴 수 없는 '궁극 에너지(FINAL ENERGY)'에 닿으며, 그것이 곧 신이다.

이 진리를 깨달아, 지금 당신을 괴롭히고 있는 병이 영원히 사라지지 않을 것이라는 잘못된 생각에서 벗어나라. 당신은 스스로를 곧 사라질 육신에 불과하다고 생각하는 오류와, 더 나아가 보이지 않는 당신의 긍정적인 생각이 육신에 아무런 반응도 일으키지 못할 것이라는 잘못된 믿음으로 시야를 가리고 있다.

85
완벽한 통제

'영원히 자유로운 영'의 긍정적인 생각들은 무형의 것이다.

우리의 몸을 완벽하게 통제하려면 몸의 본성 역시도 이처럼 무형의 것임을 깨달아야만 한다. 그러면 몸 역시 우리의 생각과 같은 진동을 갖게 될 것이다.

어떤 법칙을 따라 무형적인 질료(Imponderable Substance)로부터 유형의 것들이 생겨났다는 것을 인정한다면 무형의 긍정적 생각을 통해 유형의 것에 영향을 줄 수 있다고 생각하는 것이 이치에 맞지 않은가?

86
치유를 위한 왕국의 방법

치유를 위한 왕국의 방법이란 주제로 다시 돌아와 보자. 약속이 있어 막 나가려던 찰나에 전화벨이 울렸다. 수화기를 들자 한 남자가 자신을 소개하며 말했다.

"저와 아내는 선생님의 강연에 여러 번 참석했었습니다. 그런데 선생님께 도움을 구하고자 이렇게 전화를 드립니다. 아내는 지금 의사들도 포기한 상태인데, 오늘 밤을 넘기지 못할 것 같습니다. 와주신다면 정말 감사하겠습니다."

매우 위급한 상황이라 곧바로 그곳으로 출발했다. 도착하자 남편이 나를 병실로 안내했고, 그곳에서 아무것도 할 수 없는 채 누워 있는 아내를 보았다. 그녀는 매우 쇠약해서 겨

우 숨을 쉬고 있었지만 내가 들어온 것을 알아보고 반가운 기색을 띠었다. 아주 희미한 목소리로 말했다.

"선생님은 신의 아들이기에 저를 도울 수 있다는 것을 압니다. 저는 지금 죽고 싶지 않아요."

나는 대답했다.

"지금 당신이 해야 할 일은 없습니다. 왕국 안에 존재하는 영원한 완전함만을 생각하십시오. 당신은 좋아지는 것이 아닙니다. 영원의 시간 속에서 언제나 완전하기 때문에 지금도 완전할 뿐입니다. 그 왕국 안에 당신이 있다는 것을 깨달으십시오. 그리고 그런 마음속 자신의 모습에 맞춰서 행동하고 사십시오."

그러자 그녀는 안도감에 휩싸인 채 의식이 고양되었다. 한층 뚜렷한 목소리로 말을 이어갔다.

"선생님 말씀은, 제가 불멸의 세계에 있다는 것을 인식하고 그에 맞춰 행동하면 건강을 회복하는 데 아무 문제가 없다는 뜻인가요?"

"네. 그렇습니다."

그 즉시 그녀는 침대에 앉으려 했고 약간의 힘을 들인 후에 앉는 것에 성공했다.

87

그녀는 물 한잔을 달라고 하더니 아주 맛있게 마셨다. 그리고 베개에 기댄 채 내 쪽을 바라보며 말했다.

"선생님을 믿습니다. 벌써 선생님께서 말씀하신 법칙이 작동하고 있는 것이 느껴져요. 몸이 훨씬 좋아지면서 배가 고파지기 시작하네요. 빵과 우유를 먹어도 될까요?"

나는 고개를 끄덕였다. 식사를 마치자 그녀의 기운은 한층 더 회복됐다. 나는 몇 마디 격려의 말을 건네고 자리를 떠났다. 다음 날, 전화벨이 울렸다. 놀랍게도 그녀의 목소리는 완전히 정상적이었다. 그녀는 이제 일어나서 약간은 걸을 수도 있다고 했다. 약 열흘 뒤에는 나를 직접 만나러 올 정도로 회복됐다. 이것은 진리가 경이롭게 드러난 사례 중 하나이다.

88

이번에는 폐병에 걸린 한 여인의 이야기를 해보겠다. 그녀는 자신의 기침을 몹시 민감하게 여겨, 그것이 다른 사람들에게 불편을 준다고 생각했다. 나는 그녀에게 말했다.

"절대 신경 쓰지 마세요. 외부적으로 어떤 모습이 나타났든 당신은 결코 왕국 안에서는 그런 모습이 아닙니다. 외부환경에는 어떤 주의도 기울이지 마세요. 당신이 주의를 기울여야 할 것은 오직 자신, 바로 왕국에 있는 자신뿐입니다. 그것과 모순되는 외부의 상황들은 모두 무시하세요."

신기하게도 그녀를 괴롭히던 외부의 문제들은 사라졌고 점차 정상적인 몸으로 회복되었다.

89

한 미망인은 아들의 의대 학비를 마련하기 위해 집을 저당 잡았다. 2주 후면 그 만기가 도래하는데 갚지 못할 상황에 상심해 있었다. 날짜는 하루하루 다가와서 집을 팔려고 사방팔방 알아봤지만 허사였다. 혹시 영적인 도움을 얻을 수 있을까 해서 나를 찾아왔다.

"왕국 안에서는 어떤 손실도 없습니다. 당신의 것은 그 누구도 빼앗아 갈 수 없습니다. 왕국에서 당신의 저당은 이미 갚아졌으니, 그 비전 속에서 평화와 안식을 찾으세요. 걱정으로 해결할 수 있는 일은 아무것도 없습니다. 오히려 상황만 더 악화시킬 뿐이죠."

그러자 그녀는 확고한 확신과 흔들리지 않는 믿음으로 다시 생기를 찾아 집으로 돌아갔다. 며칠 뒤 다시 나를 찾아와, 집이 팔려 저당 빚을 모두 갚았고 약간의 돈도 남았다고 전했다.

90
올바른 마음태도

인생의 모든 문제는 잘못된 마음태도의 결과이다. 올바른 마음태도를 지닌다면 어떤 것도 잃지 않으며, 마음의 균형을 유지할 수 있다면 무엇을 하든 평화를 누릴 수 있다.

만약 어떤 일을 하려는데 그 결과가 걱정된다면 그 일을 떠맡아서는 안 된다. 평온한 마음으로 그 일이 왕국 안에서 이미 이루어진 것을 보지 못한다면 하지 말라. 그리고 만약 어떤 일이 영원의 시간 속에서 이루어져 있음을 깨닫지 못한다면 그 일을 떠맡지 말라.

이 진리를 날마다 실천한다면 당신의 마음은 내면에서 영감을 받고 인도의 손길을 느낄 준비가 될 것이다. 영적인 관점에서의 생명은 단 1분도 게으를 수 없다. 심지어 잠자는 동안에도 당신의 영혼은 신과 교류하며 활동한다.

91
조화의 힘

올바른 마음가짐을 지니면 그에 맞서는 어떤 상황도 이겨낼 수 있다. 조화로운 우주의 완전함에 맞춰 행동한다면, 그와 어긋나는 부조화를 받아들이지 않게 된다.

여행 중에 한 젊은 남자를 만났다. 그 남자는 부조리한 상황을 조화롭게 만든 자신의 이야기를 들려줬다. 그가 일하는 회사의 사장은 굉장히 까다로운 사람으로 직원들의 실수를 하나라도 그냥 넘어가는 법이 없었다.

92

이 젊은이는 아내의 건강 문제로 간절히 휴가를 원했지만 사장에게 그 말을 꺼내기가 쉽지 않았다. 그럼에도 결심을 굳히고 사장을 찾아갔다. 사장은 굉장히 신경질적이고 언짢아 보였지만 남자는 물러서지 않았다. 그는 당당하게 사장의 개인 사무실까지 따라가서 조용히 원하는 것을 말했다. 늙은 사장은 사납게 젊은이를 쳐다보며 거의 폭발할 듯이 보였다. 잠시 숨을 가다듬고 나서도 여전히 거친 숨을 몰아쉬고 있었다.

93

잠시 후, 사장은 젊은이를 쳐다보지도 않은 채 말했다.

"살면서 우둔하고 어리석은 인간들을 많이 봐왔지만 자네만큼 어리석은 사람은 처음 봤네. 우린 지금 일손이 모자랄 뿐만 아니라 현재 회사상황도 안 좋은데 자넨 휴가를 원하다니, 참 뻔뻔하군! 자네 자리로 당장 돌아가게. 만일 다시 이

일로 날 괴롭히면 자네는 해고일세."

94

젊은이는 쉽게 단념하지 않고 다른 방법을 강구했다.

"좋습니다. 사장님이 하라는 대로 하겠습니다. 그런데 솔직히 제 휴가보다는 사장님이 더 걱정되는군요. 그렇게 화를 내서 얻는 것이 무엇인지 한번 생각해보세요. 우리가 이 땅에 머물며 사는 건 아주 잠깐입니다. 그런데 왜 그 짧은 인생 동안 남을 도와서 행복해지려고 노력하지 않는 거죠?"

그러자 늙은 사장은 폭발했다.

"설교는 집어치워. 내가 정말 화내기 전에 당장 나가."

젊은이는 빙긋이 웃고는 사무실을 떠났다.

95

그날 저녁, 퇴근하기 전 매니저가 찾아와 사장실로 가보라고 전해줬다. 사장실에 들어갔더니 사장은 전보다 훨씬 온화한 얼굴을 하고 있었다. 평소에는 먼저 앉으라는 말을 한 적이 없었지만, 이번에는 먼저 자리를 권했다. 늙은 사장은 긴 시가에 불을 붙이고는 의자에 기대서 젊은이를 향해 입 꼬리가 살짝 올라갈 정도의 희미한 미소를 지으며 부드러운 목소리로 말하기 시작했다.

"감히 내 면전에 대고 날 비난한 사람은 자네가 처음이었네. 그런데 생각해보니 자네 말이 맞아. 매순간 이 삶을 즐기지 않는다면 이 인생이 무슨 소용이고 내가 쌓아놓은 부가 무슨 소용이 있겠나? 그래서 마음을 바꾸기로 했네. 아내가 아픈 동안 휴가를 가도록 하게."

그리고 악수를 하고는 헤어졌다.

96
진실과 거짓 사이의 경계

앞서 말했듯이, 생명에 대한 영적인 관점에서 본다면 진실(본성에 부합하는 실체)과 거짓 사이에는 미묘한 경계가 있다. 이 세상에는 병과 고통의 현실적인 원인이 존재하고 그것은 사실이다. 병과 고통이 존재하지 않는다고 말할 수는 없다. 하지만 그것들은 오직 세상의 의식(world-consciousness), 즉 잘못된 인류의 생각(wrong thinking of humanity) 안에만 존재할 뿐 왕국 안에는 존재하지 않는다. 즉, 조화로운 자연의 질서 안에는 그런 것들이 자리 잡지 못한다.

분별하며 사고하는 상태에서는 하나의 생각이 하나의 상태를 만들어낼 수 있지만, 그 생각이 자연의 창조 계획이 드러내고 있는 것에 영향을 줄 수는 없다. 비록 사람의 몸과 마음이 잘못된 생각이나 부자연스러운 삶의 방식에 영향을 받을 수는 있어도, 몸과 마음의 참된 원형은 영원한 영 안에 변함없이 보존되어 있다.

97
인간의 본연의 모습, 완벽함

무엇이라도 그것이 그 본연의 모습을 나타내고 있다면 완벽하다고 말할 수 있다. 인간이란 존재는 이 '광대한 우주'가 모습을 드러낸 것의 한 부분이다. 이 우주는 얼마나 한 치의 오차 없이 그 조화로운 본연의 모습을 잘 표현하고 있는가? 다시 말해 이 우주는 얼마나 신성한 계획과 그 계획의 표현(Divine Plan and Manifestation)을 완벽하게 따르고 있는가? 그렇다면 인간의 모습 또한 그 본연의 모습을 그대로 잘 나타낸다고 생각하는 것이 맞지 않은가?

어쩌면 당신은 이렇게 물을지도 모른다. 왜 인간에게는 분별하는 상태가 존재해서 옳은 것뿐만 아니라 그릇된 생각을 할 수 있게 만들었을까? 그것은 바로 인간이라는 상태의 본성이기 때문이다.

왜 빛은 빛인가? 그건 그것이 빛의 당연한 본성이기 때문이다. 왜 금은 금인가? 그것 역시 마찬가지다. 왜 인간은 생각하는가? 그것 역시 인간의 상태가 생각하는 상태이기 때문이다. 왜 올바르게 생각할 수도 그르게 생각할 수도 있는가? 그것은 인간의 상태가 생각하는 상태이기 때문이다.

모든 것은 자연의 창조 계획 안에 놓여 있다. 다음 전도서의 구절은 한 치의 오차도 없는 진리이다.

"이제까지 있었던 것은 앞으로도 있을 것이요, 이미 이루어진 일은 앞으로도 이루어질 것이라."

98
창조, 본성의 표현

신은 의식적인 사고를 통해 창조하지 않는다. 만약 그렇게 했다면 불구와 병자, 장님과 귀머거리, 우둔한 자와 가난한 자에 대한 책임은 신이 져야 할 것이다. 그리고 이 세상의 혐오스러운 모든 것에 대한 책임을 져야 할 것이다. 만약 신이 그런 존재라면 당신은 그런 신을 경외할 수 있는가? 그렇지 않다! 신은 자신의 불멸의 본성(His eternal Nature)에 따라 창조한다. 신은 이미 자신 안에 있는 것들을 창조, 아니 *끄집어내*고 있다.

인간의 생각하는 상태 역시 신 안에 존재한다. 생각하는 상태 안에서 인간은 생각하고 자신이 선택하는 것에 따라 옳게도, 그르게도 생각할 수 있다. 바로 이 선택의 가능성이 인간이라는 상태를 이루는 본질이다.

99
진정한 변화

지금처럼 가감 없이 진리를 그대로 표현한다면 어떤 이들은 충격을 받을지도 모른다. 그렇다고 당신이 그들에게 무엇을 할 수 있는가? 그들에게는 지극히 당연한 것들이 당신에게는 당연하지 않을지도 모른다. 설령 그들이 마음의 어둠 속에 있다고 해도, 당신이 그 속에 머물 이유는 없다. 다만 당신은 그들을 위해 이 불멸의 진리(eternal Truth)를 인식해서 기도할 수 있다. 받을 수 있는 사람들에게 이 빛을 받게 하라. 그리고 이 빛으로 가득 찬 길을 따라 계속 앞으로 나아가라.

우주의 빛 속에서 사물을 볼 때, 그것의 영원한 의미가 드러나고, 그 안에 담긴 우주적 진리가 당신 앞에 펼쳐진다. 정신적 탁함 속에서 왜곡된 모습으로 보았던 것은 이제 완벽하고 흠 없는 것으로 모습을 나타낸다. 우리는 그것을 변화라고 말한다. 당신의 시야는 이제 생명에 대한 영적인 시야로 변화된다.

100
자연의 질서, 진보

 심지어 진리를 성실하게 따르던 사람조차도 무지의 암흑으로 다시 떨어질 때가 있다. 영혼의식의 생기가 약해지면 그들은 때때로 좁디좁은 과거의 영성 개념으로 되돌아가기도 한다. 잘못된 이상을 따르는 자는 아무리 높은 영적인 감각을 지녔더라도 죽은 것이다. 비정상적인 상황은 영혼을 오래 지탱하지 못한다.

 인간의 마음속에 각인된 과거의 생각과 인상은 강하다. 정신의 시스템이 무너질 때, 나약함은 그를 집어삼키고 결국 과거에 의지하던 낡은 길로 돌아가게 만든다. 그러면서도 자신은 확고한 길을 향해 앞으로 나아가고 있다고 믿을 것이다.

 하지만 그건 분명 앞으로 나아가는 것이 아니다. 인간이 과거의 상태로 돌아간다는 것은 자연의 순리(Nature's order)가 아니다. 그는 결코 뒤로 물러설 수 없다.

 움직이기를 원치 않아도, 멈추지 않는 우주의 흐름은 마침내 그를 삼켜 거대한 폭포의 암벽과 물마루를 넘어 전능한 대양 속으로 데려갈 것이다. 그리고 그 순간 그는 자신의 무한한 생명(Infinite Life)을 깨닫게 된다.

101
신의 뜻을 행하는 것

만약 당신의 종교가 당신에게 평화와 기쁨을 가져오지 않고 시야를 넓혀주지 않는다면 그것은 당신에게 맞는 종교가 아니다. 그러면서도 그 종교를 고집한다면 그것은 세상의 무대에 자신을 맞추려는 노력일 뿐, 진정 영혼의 목소리에 귀를 기울이는 것이 아니다. 전능한 법칙(Almighty Law)은 그 사람이 신의 뜻(Divine Will)을 이루기 전까지 결코 평화를 주지 않는다.

과거에 지녔던 생명에 대한 유한한 관념을 버리고 가슴과 영혼을 신의 영광스러운 진리를 향해 열지 않는 한 결코 길을 찾지 못할 것이다. 어둠 속에서 더듬는 동안 그는 알맹이를 놓친 채 껍질만을 붙잡는다. 그리고는 특정한 현상을 나타낼 수 있는 능력이 영성의 확실한 표식이라 믿으며, 언제나 무언가를 보여주기 위해 안간힘을 쓴다.

102
기쁨, 영적인 상태

영적인 발전은 사물을 이해하는 것 안에 있다. 사물을 이해했을 때 항상 평화가 찾아온다. 영적인 기쁨은 모든 예언의 성취이다. 인간은 자신을 옭아매던 것들로부터 해방될 때까지 그 기쁨을 맛볼 수 없다. 그래서 속박 속에서는 그 누구도 자유로운 인간의 권리를 누릴 수 없다.

사물에 대한 참된 앎은 인간에게 모든 것을 내려놓게 하는 힘을 갖고 있다. 그렇게 진정한 앎을 얻은 자는 어떤 속박이나 비난, 한계도 두려워하지 않는다. 그리고 평화와 행복을 가져오지 않는 것들은 그 어떤 것도 취하거나 주거나 행하지 않는다. 그는 이렇게 말한다.

"주여, 의식 안의 것이 언제 어떻게 세상에 나타날지는 모르겠습니다. 하지만 당신의 왕국 안에서 영원히 형체를 취하고 있다는 것을 아는 것만으로도 저는 충분합니다. 저는 제 자신을 위대한 계획(Great Plan), 곧 당신의 뜻에 맡깁니다."

이런 마음 상태를 가진 자는 패배를 모른다. 그 무엇도 그런 마음을 가진 자를 정복할 수 없다.

103
작은 것 하나마저 꼭 필요한 신의 계획

근심, 조급함, 그리고 걱정은 인간이 자신을 단지 몇 파운드의 진흙 덩어리로 여기고, 이 세상에 잠시 머물다 간다고 믿는 유한한 인생관에서 비롯된다. 그렇다면 그 후엔 무엇인가? 그런 좁은 시야를 지닌 사람은 진실을 모른다. 어쩌면 죽음 이후의 세계가 있다고 믿게 만들 수는 있겠지만, 소멸되지 않는 자신의 무한한 생명(Imperishable, Infinite Life), 즉 불멸의 신성한 계획과 그 계획의 드러남을 깨닫지는 못할 것이다.

그는 자신이란 존재가 없다면 이 우주 전체 역시 완전해질 수 없다는 사실을 모를 것이고 우리 한 명 한 명이 이토록 위대한 존재임을 모를 것이다. 한 명의 인간이라도 없다면 창조의 생명은 계속해서 일을 할 수 없고, 만약 인간의 이런 방황이 우주의 끝없는 대지 안에서 계속해서 가능하다면 온 우주는 그 한 사람이 다시 돌아오기만을 언제까지나 기다릴 것이다.

한 사람의 죽음이나 소멸은 곧 모든 것의 죽음을 뜻한다. 하지만 그것은 불가능하다. 이 세상은 의식적인 인식의 세상이고, 그것에는 반드시 '인식하는 자'가 존재한다. 인식하는 힘은 멈추지 않는다. 왜냐하면 그 힘이 멈출 수 있다고 생각하는 것조차 그 힘으로 생각하고 있기 때문이다. 그렇기에 어떤 생각과 판단을 통해서라도 생각과 판단을 할 수 있게 만든 그 힘을 능가할 수는 없다.

104
우주를 담을 수 있는 마음속 시야

인생을 물질적인 관점에서 본다면 그 사람의 정신세계는 매우 제한된 범위에 묶이게 된다. 그러나 자신의 시야를 점차 확장시켜 마음 안에서 더 넓은 세계를 보게 되면 그 사람의 정신세계 역시 점차 커져만 간다. 마침내 시야를 확장시켜 우주 전체를 마음 안에 담을 수 있다면 그의 마음은 우주로 채워진다. 그가 우주를 얼마나 인식하느냐에 따라 그의 마음 속의 우주도 그만큼 확장된다.

하나의 대상을 생각하고 사랑하는 만큼 그것은 그 사람의 정신세계의 일부가 된다. 우주에 존재하는 무엇이든 마음에 품으면, 그것은 곧 정신적인 것이 된다. 우리가 사물을 어떤 측면에서 보든, 그것들은 모두 형태를 지니고 있다. 그 형태를 넘어선 관념을 갖는다면 그 본질(Essence)에 이르게 된다.

형태로 보는 모든 것은 결국 우리의 '보는 능력' 속에 존재한다. 그러나 그 형태 안에는 반드시, 형태로는 온전히 드러낼 수 없는 어떤 실재가 깃들어 있다.

105
어떤 죄도 없다

자연의 창조계획, 신성한 계획 안에는 죄도 치욕도 유혹도 없다는 사실은 많은 사람들이 이해하기 힘든 사상이다. 그곳에는 제멋대로의 규칙이나 부조화가 없다. 만약 그 안에 부조화가 존재한다면 조화의 법칙이 그것을 바로잡고는 사라지게 한다. 신의 법칙은 신의 본성과 조화되지 않는 선택들을 부수고 사라지게 한다. 그래서 '본성에 부합하지 않는 선택'과 '본성에 부합하는 선택'이 있다면 반드시 후자가 이기게 된다.

신성한 법칙은 스스로를 표현하는 데 있어 어떤 방해도 용납하지 않을 것이다. 여기서 방해라는 것은 세상에 아주 많은 불행을 가져오는 온갖 시도들을 말한다. 이런 잘못된 시야를 갖는다면 단지 몇 파운드의 육체가 자신이라고 생각하는, '스스로 자신에게 부여한 한계'를 초월해서 볼 수 없게 된다. 그로써 세상을 왜곡된 시야로 보게 된다.

106
모든 것, 신의 선물

자연의 질서 안에서 태어난 모든 것, 아니 모든 존재는 신이 보낸 것이다. 신은 스스로를 아버지 어머니로 나타내기 때문에 이 세상의 모든 아버지와 어머니 역시 영원토록 신성하다. 얼마나 장엄하고 고귀한 개념인가! 만약 이 생각이 당신의 눈에 눈물을 맺게 하지 않고, 영혼을 전율시키지 않으며, 신의 사랑으로 당신을 휘감지 않는다면, 당신은 이미 죽은 것이다. 그렇게 죽음에 이르렀을 때 오직 그리스도의 영(Christ Spirit)만이 부활시킬 수 있다.

인생이라는 세상의 무대에서 당신은 사랑을 단순히 사고파는 일회용품 정도로 여기면서 신의 준엄한 명령을 잊은 채 영혼을 저버렸다. 오직 당신의 이기심을 배불리고자 인간이 멋대로 만든 규칙과 규범만을 마음에 두고 살았다. 신성한 법칙과 신성한 정의를 문란케 만들었기에 이제 신의 정화의 불이 쏟아질 것이다. 불순함은 반드시 씻겨서 조화와 평화의 길로 다시 돌아와야만 한다. 이것이 곧 신성한 법칙, 신성한 계획이다.

107
진정한 영성

영적인 기쁨과 평화를 지니지 않은 자는 참된 영성을 갖고 있지 않은 자다. 이 작은 육체에 꽉 붙들려서는 이것이 진정한 인간이라는 생각을 한다면 영적인 지혜에서 멀어진 것이다. 그리고 모든 존재와 모든 사물의 불멸성을 직시하는 고귀한 시선을 아직은 갖지 않은 것이다. 단지 겉모습에 집착해서 판단하는 자는 올바른 결정을 하지 못한다. 그런 자는 가슴을 열어 신의 진리를 받아들이기에는 너무 소심해 망설이게 된다.

그러나 그들에게도 빛은 이따금씩 찾아온다. 하지만 그 빛을 담기에는 영혼이 너무 좁아, 결국 다시 어둠 속으로 기어 들어가 빛의 아버지께 절망과 울분을 토해낸다.

"왜 제가 이 어둠 속에 있습니까? 제가 이제껏 했던 것은 무엇이었나요?"

오, 인간이여, 두려워말고 생각해보라! 진리의 빛은 당신의 영혼 안에 담겨있다. 마음을 열어 그 진리를 있는 그대로 받아들여야 하지 당신이 원하는 모습으로 받아들여서는 안 된다. 이웃들이 어떤 종교를 택해서 그것으로 행복과 평화를 찾았다는 말에 신경 쓰지 말라. 당신에게도 그 종교가 맞으라는 법은 없다. 당신의 의식 상태는 삶에 대한 더 넓고 위대한 시선을 요구하고 있다.

108
시선의 확장

우리는 인식을 하며 살아가고 있고, 그 인식을 통해 모든 것이 주어지고 있다. 그렇다면 당신의 시야를 보다 더 넓게 확장시켜 더 광활한 세계를 인식하고, 그것에 맞춰 살아라. 진리의 빛이 인도하는 것을 보고 그것에 맞춰 살아라. 그 비전은 영원한 길(Eternal Road)의 작은 한 부분조차 신의 현현임을 깨닫게 하는 새로운 시선을 갖게 해줄 것이다.

세상 모든 창조물이 신의 모습임을 느껴본 적이 있는가? 저 산과 바다가 당신에게 이렇게 말하는 것을 느껴본 적이 있는가?

"보라! 나는 여기에 있으니! 그대가 만지는 것, 느끼는 것, 보는 것, 이 모두는 나의 불멸의 존재이더라. 오, 나의 불멸의 아들아, 세상이 그것을 인정하든 인정하지 않든 두려워 말라. 나는 언제나 그대와 함께 있으니."

그런 경험이 있다면 당신은 우주의 길에 들어선 것이다. 그 순간 당신은 불멸의 해안에서, 영원히 타오르는 광휘에 덮인 영광의 빛줄기를 잠시나마 엿본 것이다.

109
영원 안에서는 시간이 없다

어쩌면 당신은 기적과 상징의 외부현상에만 매혹되어서는 이런 경이로운 비전을 과소평가했을지도 모른다. 그랬다면 위대한 다이아몬드, 코이누르를 저 멀리 던지고서는 먼지만 한줌 쥔 채 집으로 돌아온 것과 같다. 그 경이로움은 사라져 가슴은 황폐해지고 마음은 폐허가 되었을 것이다.

어둠이 빛을 낼 수 있는가? 한계에 갇힌 세상이 당신에게 인간의 경계를 넘어 신과 합일하는 영적인 확장을 가져올 수 있는가? 그럴 순 없다. 아마 당신도 이미 알고 있을 것이다. 만약 깊은 잠에서 다시 깨어난다면, 결코 과거를 후회하지 않을 것이다.

불멸함이 존재하는 곳에서는 시간이란 존재하지 않는다. 그렇다면 왜 시간을 낭비할지도 모른다는 두려움을 갖고서는 길 바깥에만 머무르려 하는가? 진리의 빛은 끝없이 하나로 연결된 우주의 오솔길 안에서 당신을 기다리고 있다. 그 길로 들어서라!

110
진리 안에서만 존재하는 평화

당신은 이 세상이 누구에게도 행복과 평화를 주지 않는다는 것을 경험으로 배웠을 것이다. 인류의 잘못된 생각들이 모여서 창조된 이 유한한 세상은 신성한 인간(Divine Man)의 운명을 만들 수 없다. 세상의 두려움과 망상은 하루살이에 불과하기에 그 잘못된 인류의 믿음이 당신에게서 신성한 권리(Divine Right)를 빼앗아가지 못할 것이다. 당신은 세상의 내일이 어떤 모습일지, 또 어떤 것들이 필요하게 될지를 근심하며 살고 있다. 하지만 진리의 빛은 당신에게 이렇게 말한다.

"스스로 존재하는 불멸의 생명(self-existing Eternal Life) 안에는 내일이란 없다. 미래에 대한 너희의 두려움은 단지 하룻밤의 악몽일 뿐이다. 두려워 말라. 너희가 필요로 하는 것은 모두 예비해놓았으니. 지금 너희에게 필요한 것이 무엇인지 의식적으로 인식하지 못했더라도 나는 그것을 꺼내 너희를 보살필 것이다. 나를 믿으라. 그러면 부족함이 없을 것이다."

그러나 세상의 시야에 갇힌 사람들은 이렇게 반박한다.

"그런 말도 안 되는 말을 믿지 말라. 필요한 것은 모두 스스로 쟁취해야 한다. 얻고자 하는 것을 위해 일해야만 한다. 다른 이들은 신경 쓰지 말고, 정당한 방법이든 속임수든 모든 것을 동원해 얻을 수 있는 것은 얻어라."

진리의 빛은 이에 대해 이렇게 경고한다.

"너희 중 누가 걱정함으로 키를 한 자라도 더할 수 있느냐?" "참새 두 마리가 한 앗사리온에 팔리지 않느냐? 그러나 너희 아버지 없이는 그 중 하나도 땅에 떨어지지 아니하리라." "너희의 머리털까지도 다 세어 두셨나니." "그러므로 두려워하지 말라. 너희는 많은 참새보다 더 귀하다." "사람의 원수는 그의 가족 중에 있을 것이다." "자기 십자가를 지지 않고 나를 따르지 않는 자는 나에게 합당하지 않다."

111
운명

조화와 평화 속에서 품는 모든 생각은 영원으로부터 주어진 것임을 알고 있는가? 믿으라. 그러면 모든 것을 받았음을 깨닫게 될 것이다. 걱정하지 말라. 그 무엇도, 그 누구도 당신이 받아야 할 것을 당신에게서 빼앗지 못할 것이다. 그것은 신성한 계획 안에서 이미 당신에게 주어진 것이기 때문이다.

설령 당신이 끝까지 세상의 길을 따르려 한다 해도, 언젠가는 신의 길로 돌아가게 될 것임을 알지 못하는가? 눈을 감은 채 무지 속에 머물지 말라. 모든 창조물의 운명을 영원히 이끌고 있는 전능한 자의 손길을 보라. 인간은 반드시 신의 길로 돌아간다.

수백만이 세상의 길을 따랐지만 수백만이 다시 신의 길로 돌아왔다. 아니 어쩌면 지금 당장은 돌아오지 않았을 수도 있지만 오늘이나 내일, 반드시 다시 돌아갈 것이다. 심지어 슬픔과 고통의 문을 통해서라도 그들은 다시 돌아간다. 매 순간은 영원의 현재(Eternity's Now)이다.

112
행복이라는 습관

깨어있는 모든 순간, 자신을 살펴보면서 지금 행복한지 확인하라. 불행 속에서 보내는 시간은 낭비된 시간이고 얻는 것 또한 없다. 그것은 마음속에서 신의 존재를 거부하는 것이고, 삶의 목적과 어긋나게 가는 것이다. 그 길을 따른다면 생명이 당신을 위해 마련해 둔 모든 것을 놓치게 된다.

113
행복에 대한 확신

신은 곧 행복이다. 고대의 동양인들이 말했듯, 신은 '무한한 기쁨'이다. 이 무한한 기쁨은 당신의 존재 전체에 퍼져있다.

이 사실을 깨달으면 영원한 행복을 확신하게 될 것이다. 세상에서 잠시 나타났다가 곧 사라지는 것들처럼, 소위 불행의 원인이라 불리는 모든 것도 멀리 사라져 버릴 것이다. 그렇다면 왜 그것들을 마치 영원할 것처럼 붙잡고, 스스로를 불행이라는 악몽 속에 가두는가?

114
탐욕

당신이 바라는 것이든 이미 손에 넣은 것이든, 그것 자체로는 결코 당신에게 행복을 줄 수 없다. 가진 것이 더 많아질수록 더 많은 것을 원하게 된다. 끝없는 욕망과 소유에 대한 갈망은 마음을 영원히 불만과 근심 속에 가두어 둔다. 오직 욕망과 성취에 대한 올바른 이해만이 당신을 이 비정상적인 상황에서 해방시킬 것이다.

115

행복은 마음의 상태일 뿐 아니라 마음의 습관이다. 매순간 당신이 기쁘다는 것을 생각하고 믿음으로써 당신의 삶을 멈추지 않는 행복한 꿈으로 만들라.

116
영혼의 확장

20세기 전 예수 그리스도는 "그대가 세상 모두를 얻었다고 한들, 그대의 영혼을 잃는다면 무슨 득이 되겠는가?"라고 말씀하셨다. 인간을 다른 모든 피조물과 구별 짓는 것은 영혼의 식(soul-consciousness)이다. 영혼을 잃는다면 이 생명을 살아 있게 만드는 전부를 잃는 것이다. 열망, 영감, 이상, 꿈, 이것들은 곧 영혼의 속성이며, 영혼을 잃는다는 것은 이것 모두를 잃는 것을 말한다.

인간은 모두 영혼을 지니고 태어난다. 시야가 확장될 때 영혼 역시 확장된다. 그러나 계속해서 그 영혼을 표현하지 않으면 영혼은 시들어간다. 표현이란 곧 확장을 의미한다.

117
깨어있는 자가 받는 것

영혼이 살아 깨어 있는 자는 사랑하며 살아간다. 그는 신이 내려준 시선으로 모든 것을 바라본다. 아이들의 재잘거림 속에서도, 밤의 고요를 깨는 개의 짖음 속에서도 천상의 합창을 듣는다. 영적인 감각으로 보고, 듣고, 느낀다. 꽃들은 그를 향해 미소 짓고, 시냇물은 사랑의 노래를 부르며, 새벽의 산은 그를 초대하고, 달빛 어린 밤은 투쟁의 세상을 천상의 낙원으로 바꿔놓는다. 그리고 여명은 인간의 가슴 안에서 열망과 헌신을 일깨운다.

인간이 과연 자신의 영혼을 잃고 공허함 속에서 살 수 있을까? 세상을 즐길 능력을 잃었는데, 설령 세상 전부를 다 가진다 한들 무슨 소용이 있을까?

118
영혼의 죽음

영혼의 죽음을 알리는 첫 징후는 홀로 있을 때 사색하거나 주위를 바라보며 기쁨을 느끼지 못하는 것이다. 자신의 내면을 사용하지 않아 내면의 눈은 점점 침침해지고 내면의 귀 역시 점점 기능을 잃게 된 것이다. 이제는 광기 어린 탐욕과 허덕이는 욕망으로 투쟁과 문제를 반복해서 경험하게 된다. 점점 더 이기심의 세상 속으로 빠져들어, 좁은 벽 너머 아무것도 보지 못하게 된다. 그렇게 영혼은 서서히 질식해 간다.

해, 달, 별, 산, 강, 숲, 모든 것은 그것들이 지닌 시적이고 영적인 의미를 상실한다. 삶을 즐길 수 없는 때가 찾아온다. 영혼은 사라진 것이다. 경작하지 않고 영양을 주지 않는 정원처럼, 영혼은 황폐해진다. 영적인 식별력의 정제된 감각은 무뎌

지고 상상력은 좁은 통로로만 흐른다. 설령 어느 정도 재산을 축적했었던 사람이라면 이제는 상황이 점점 악화될 것이다. 인간에 대한 자애와 진심 어린 친절, 진정한 행복과 같은 것에 대한 믿음을 잃었다.

의심에 사로잡힌 마음이 정박할 항구는 두려움이다. 그러나 그런 영혼조차도 올바른 방법으로 치료를 한다면 다시 부활시킬 수 있다. 사물의 영과 마주하고, 자연의 광대한 창고로부터 생명의 영약을 부어 넣는다면, 영혼은 다시 일어설 것이다.

119
낭떠러지

한 노신사가 나를 찾아왔다. 그는 사업상의 문제로 아주 침울해져 있었다. 이렇게 말했다.

"당신이 만일 내 문제를 해결해준다면 당신에게 돈을 주겠소. 나는 가진 것이 많소."

생각해 보라. 그는 지금 저 깊은 심연과 맞닿은 벼랑 끝에서 있으면서도, 마치 돈이 자기 뒤를 따라올 것처럼 허풍을 떨고 있었다. 나는 말했다.

"친구여, 곧 당신이 가진 모든 것과 이별할 시간이 다가오는데 그깟 돈이 무슨 소용인가요?"

그는 놀란 목소리로 외쳤다. "아니, 절대 그럴 수 없어! 이렇게 일찍 죽을 순 없어! 나는 더 살아야 해!"

"하지만 의사는 몇 달 더 살 것이라고 말했습니다. 의사의 말로는 회복될 확률이 백분의 일이라고 하지 않았습니까? 그렇지 않나요? 그런데 돈이 무슨 소용인가요? 사업이 도대체 무슨 소용인가요? 아무것도 아닙니다. 절대 아무것도 아닙니다! 하지만 당신을 살릴 방법을 압니다. 제가 말하는 대로 한다면, 희망이 있습니다."

그는 울먹이며 말했다. "그게 무엇입니까?"

"일을 그만두고, 왕국으로 돌아가십시오!"

"뭐요?" 그는 소리쳤다. "내 일을 그만두라고요! 내가 15년 동안 일군 것을 포기하라고요! 절대 안 됩니다! 그 말을 들을 순 없습니다."

120

그의 등 뒤에서 나는 아무 죄책감 없이 말했다.

"그렇다면 죽음을 준비하시는 편이 낫겠군요!"

그에게는 내 말이 마치 사망선고처럼 들렸을 것이다. 이 말이 잔인하다고 생각되는가? 아니, 전혀 그렇지 않다. 때때로 어떤 사람에게는 그 자신을 파멸로 몰고 가는 것으로부터 벗어나게 하기 위해서 극단적인 수단을 사용해야만 할 때가 있다. 그는 자신의 사업을 그만두기로 결심하면서 업무를 조정할 약간의 시간을 달라고 했다.

"지금 사업을 접기로 한 결정을 환영합니다. 믿을 만한 사람을 당신 자리에 앉히고, 긴 휴가를 떠나십시오."

"알겠습니다. 말씀대로 하겠습니다. 하지만 왜 사업이 나쁜 것인지, 저는 여전히 이해할 수 없습니다."

121
자연이 이끄는 곳으로

"일 그 자체가 잘못된 것은 아닙니다." 나는 대답했다.

"그러나 대부분 사람들의 일을 하는 방식은 분명 잘못됐습니다. 어떤 일이든 그 일을 하는 '왕국의 방식'이 있습니다. 투쟁 속에서 견디기 힘든 스트레스를 느낀다면, 그것은 지금의 방식을 바꾸라는 전능한 법칙의 경고입니다. 이 경고를 따르는 사람은 순항을 거듭할 겁니다. 하지만 경고를 따르지 않는다면 법칙이 직접 개입해 그 상황을 바로잡을 것입니다. 지금 당신은 왕국의 방식에서 멀리 벗어나 있으니, 다시 그 길로 돌아와야 합니다. 어떻게 하는지 모르겠다고 말씀하셨죠?

걱정하지 마십시오. 나중에 제가 말해드리겠습니다.

"당분간은 소나무, 전나무, 삼나무 등이 울창한 산악마을로 가십시오. 산골짜기를 따라 물줄기가 밤낮으로 흐르고 도마뱀과 다람쥐가 이리저리 돌아다니는 그런 곳으로 가십시오. 나무 주위를 산책하며 나무들과 교감을 가져보십시오. 숲속의 살아있는 것들을 보고 마치 어렸을 때 천진난만하게 놀던 것처럼 흥미롭게 그것들을 보십시오. 할 수 있는 한 사업적인 일들과 세상의 일들과는 아주 멀리 떨어진 곳으로 가도록 하십시오.

"당신의 마음 안에, 영원한 신비와 젊음을 간직한 자연이 다시 한 번 깨어날 겁니다. 당신의 의식은 다시 한 번 신이 창조했던 것들로 채워질 겁니다. 그리고 죽은 영혼은 다시 깨어날 겁니다. 세상과 세상의 혐오스러운 것들을 보는 대신, 마음의 눈은 신의 무한한 창조의 영역과 그 경이로움을 보게 될 겁니다. 이런 시야의 확장이 바로 생명이고, 이것을 속박하는 것은 죽음입니다. 모든 걱정과 근심으로부터 해방되어, 창조된 만물과 교감하게 되었을 때 다시 제게 오십시오. 그때 왕국의 신비에 관해 말씀드리죠."

122
영원히 완벽하라

석 달 후 신사분이 다시 돌아왔다. 건강한 몸과 건강한 마음으로 다시 태어난 듯 보였고 그의 눈은 새로운 깨달음으로 반짝였다. 그의 첫 인사는 "감사합니다, 신이시여. 저는 제 자신을 찾았습니다!"였다.

반갑게 그의 손을 잡으며 대답했다.

"그렇다면 당신은 진정한 생명이 무엇인지 알게 된 겁니다. 왕국의 신비는 바로 그것입니다. 영원의 계획과 그것의 나타남 속에서 모든 것은 영원히 이미 이루어졌고 모든 것은 영원히 완벽하다는 겁니다. 이제 그 비전 속에서 사십시오. 다시는 죽지 않고 영원한 생명을 얻게 될 겁니다."

123
시선의 확장

사람들은 미쳐있다. 돈에 미쳐있고 명성에 미쳐있다. 그래서 진정한 행복을 알지 못한다. 진정한 행복은 그런 제한 속에 있는 것이 아니라 시야를 넓히는 데 있다. 시야가 확장되면 우주 전체를 이미 소유하고 있다는 사실을 깨닫게 된다. 그 순간 인간은 의식 속에서 무한한 생명과 하나가 되며, 신의 화신이 된다.

그렇게 영혼의 자유를 만끽할 때 하나의 깨달음이 찾아온다. 그것은 이름과 명성에 대한 욕망은 단지 자신에게서 사랑과 삶의 권리를 빼앗는 올가미라는 자각이다. 세상의 명예는 자신의 보금자리, 즉 이 우주의 드넓은 은신처를 빼앗는다. 그 올가미에 걸린다면 인간은 행복의 보금자리를 만들지 못하고 명예라는 것에 더 집착하게 된다.

세상에서 알려지지 않았더라도 자아를 발견한 여행자는, 세상에서 널리 알려진 사람보다 훨씬 복된 존재다. 명예의 덫에 걸린 사람은 수많은 타인의 시선과 생각에 얽매여 있어 자아를 찾을 수 없다. 반면 우주의 빛 안에서 빛나고 있는 사람은 세상 사람들이 자신을 알아주든 알아주지 않든 개의치 않는다. 바로 이것이 자유가 주는 은총이다.

124
생각하는 자와 생각

또 다른 왕국의 신비는 생각, 더 자세히 말해 영원한 생각이다. 당신이 어떤 생각을 하더라도 '언제나 영원히 존재하는 것'을 티끌만큼이라도 더하거나 뺄 수 없다.

"과연 누가 첫 번째 사람에게 생각하는 법을 가르쳤는가?"

이런 의문이 생긴다. 여기에는 단 하나의 답이 있다. 그것은, 생각하는 것은 인간의 본성이고 생각하는 능력을 점차적으로 펼치는 것도 인간의 본성이라는 것이 답이 될 것이다.

이런 물음이 생긴다. 인간이 창조생명(Creative Life) 안에 감싸여 있는 것이 사실이라면 인간의 생각과 사고 역시 창조의 생명에 감싸여 있다는 것이 진실 아닌가? 무엇이 생각할 수 있는 능력을 계발시켰는지에 관계없이 우리는 너무도 자연스럽게 생각하는 자가 돼있다. 영원히 본래 존재했었던 생각을 통해서 인간은 생각을 한다.

근원의 존재(Being) 안에 영원한 것은 또한 그것의 나타남(Manifesting) 가운데에서도 영원하다. 영원 속에 나타나 있는 그것은 영원히 존재한다.

125
모든 것 또한 영원하다

이제 질문이 생긴다. 존재하지 않는 것을 생각할 수 있는가? 창조의 생명(Creative-life)이 당신에게 생각할 사고능력을 주었음에도, 어떻게 당신은 이 영원한 시간 속에서 모습을 드러낸 우주(ever-manifested universe) 어디에도 존재하지 않는 것을 생각할 수 있겠는가?

하나의 생각이 어떻게 생겨나는지 살펴보자.

우리는 보통 눈에 보이는 사물을 통해 그 관념을 형성한다. 그렇다면 보이지 않는 것에 대한 관념은 어떻게 얻었을까? 당신은 누군가가 미신적인 믿음을 갖고 있다고 말할 수 있다. 그러나 그 믿음이 그의 창조생명 안에 하나의 계획으로 내재되어 있지 않았다면, 어떻게 그런 믿음을 가질 수 있었겠는가?

영원한 현현 없이 어떻게 어떤 계획이 있을 수 있을까? 인간의 모든 표현과 모든 경험의 단계는 반드시 그 본성으로부터 비롯된다.

126
악마

그림자가 물체 없이도 존재할 수 있을까? 그렇지 않다. 그렇다면 관념은 어떤가? 관념이 어떤 대상과는 상관없이 존재할 수 있을까? 분명 그렇지는 않다. 그렇다면 천사나 악마에 대한 관념은 어떤가? 그렇다. 그 관념의 대상이 되었던 것들은 존재한다.

당신이 의식적으로 생각을 통해 그들과 접촉하면 그들은 당신의 정신에 영향을 미친다. 당신의 생각이 그들을 깨우는 것이다. 그들은 잠들어 있던 곳에서 일어난다. 이는 당신의 상념 세계 속에서 천사와 악마, 악령들이 작용하는 방식이다.

천사와 악마에는 두 가지 종류가 있다. 하나는 인간 형태이고, 다른 하나는 상념 형태다. 인간 형태의 악마나 천사는 일정한 의식을 지닌 채 활동하지만, 상념 형태의 그것들은 당신의 생각에 의해 생명을 얻는다.

인간 형태의 악마는 상념 형태의 악마보다 덜 해롭다. 인간 형태는 당신과 분리된 개별적인 생명을 지니고 있지만, 상념 형태의 악마는 바로 당신의 생각 속에서 바싹 달라붙어 살아 있기 때문이다.

127
천사

반면에 인간 형태의 천사들, 즉 우주 생명의 위대한 영혼들은 당신의 상념 천사보다 더 큰 도움을 준다. 왜냐하면 상념 천사는 오직 당신의 생각에 따라 나타나고 사라지지만 인간 천사는 항상 당신과 함께 있으면서 당신을 천상의 의식 상태까지 인도하기 때문이다. 반면에 상념 천사는 그것들이 당신을 위해 활동한다고 믿을 때에만 그만큼의 도움을 줄 것이다.

그런데 이 모든 것이 바로 자연의 계획이 드러나는 과정임을 잊지는 말라. 오늘 우리가 서로 돕고자 한다면, 영원의 내일(Eternity's tomorrow)에도 어떻게 서로 돕는 일을 멈출 수 있겠는가? 오늘 땅에 얽매인 사람은 내일의 천사다. 이 모든 것은 생명의 신성한 표현(Divine Expression of Life)이다.

128
인간, 형이상학적 존재

사람들은 인간을 물질로 이루어진 육체적 존재라고 부르지만, 사실 인간은 형태를 넘어선 토대 속에서 살아간다. 그는 영원히 자신의 내면, 곧 상념의 세계 안에서 산다.

그렇기에 인간이 다른 것들과 더 가깝게 접촉할 수 있는 길은 어떤 물질적, 외부적 수단이 아니라, 오직 사랑과 감정을 통해서만 가능하다. 누군가와의 만남이 일어나는 상념 세상에서는 거리라는 관념이 없다. 사람이 사람과 공간의 제약 없는 통로를 통해 접촉하는 곳은 바로 이곳, 영혼의식의 세상이다. 비록 물질적인 공간 안에서는 두 사람이 떨어져 있을 수 있지만 의식 안에서는 언제나 함께이다.

반복되는 평범한 일상 속에서 이런 눈에 보이지 않는 만남은 항상 일어나고 있다. 얼마나 많은 이들이 우리를 찾아오고, 또 우리가 그들에게 가는지 우리는 알지 못한다. 물질적인 개념에 묶여 있기에 우리는 친구들의 고요한 존재를 느끼지 못한다. 하지만 그들은 우리에게 다가오고, 우리도 그들에게 다가가고 있다. 그러나 우리는 그 만남을 인식하지 못한다. 아주 가끔 우리는 누군가의 인상을 받고 그를 즉시 떠올린다. 그렇다면, 이 생에서 물리적으로 만난 적 없는 수많은 영혼들은 어떨까? 그들 역시 생각 속에서 우리와 접촉하고 있으며, 언제 어디서 만났는지조차 알지 못한다. 이것이야말로 왕국의 신비 중 하나이자, 자연의 영원한 현현의 과정이다.

129
영의 활동을 보라

이 신비는 단지 사람과 사람 사이의 관계에만 적용되는 것이 아니라, 우리가 바라는 모든 것에도 똑같이 적용된다. 우리는 생각과 믿음을 통해 세상의 어떤 사물과도 정신적으로 접촉할 수 있으며, 그 속성을 외부로 드러나게 할 수 있다. 만약 당신의 창조생명, 곧 당신을 생각하고 움직이게 하는 힘이 당신을 위해 어떤 일을 하고 있다고 믿는다면, 그것은 실제로 그렇게 될 것이다. 당신이 그것을 인식하는 만큼 그 힘은 활동한다.

물론 우리가 창조생명의 활동을 인식하지 않을 때에도 창조생명은 스스로 활동하지만, 당신이 그 작용을 의식적으로 깨달을 때 더욱 강하게 작동한다. 당신이 그것의 활동을 자각하는 것만으로도, 그 힘이 스스로 일을 완성한다.

그런데 무엇보다 기억해야 할 것은, 창조생명은 언제나 조화와 평화를 만드는 활동을 자동적으로 하고 있다는 것이다. 만약 이 사실을 무시한다면 많은 불쾌한 반응들을 경험하게 될 것이다. 영(Spirit)의 자동적인 활동을 보는 것을 지속적으로 연습함으로써 다음의 위대한 진리를 깨닫게 된다.

"나의 아버지께서 지금까지 일하시니, 나도 일하노라."

이 의식 상태에서 행동한다면 반드시 올바른 일을 하게 될 것이다.

130
느낌의 중요성

당신은 '자의식을 가진 정신적 생명상태' 속에서 느낌에 의지해 산다. 당신이 어떤 상황을 느끼지 못한다면 그것은 당신에게 존재하지 않는다. 배고픔이나 고통, 질병, 불행을 느끼지 못한다면 당신에게는 그런 것들이 존재하지 않는다. 지금 존재한다고 느끼는 모든 상황들은 당신이 그것을 느낌으로 인식하기 때문에 존재하는 것이다.

당신의 모든 감정 세계는 이 느낌과 맞물려 있다. 시적인 감수성, 영적으로 고양된 감정, 영혼의 교감, 이런 것들 모두는 감정적 본성의 자연스러운 표현이다. 인간의 본성, 아니 오히려 인간의 의식 상태는 본질적으로 감정으로 이루어져 있다. 의식적인 앎이나, 의식적인 자각, 즐거움을 느끼는 곳은 반드시 어떤 구분되는 감정이나 느낌 안에 존재한다.

대다수의 사람들이 믿는 것과는 달리, 분별하는 기능의 토대는 인간의 감정이다. 즐거움이나 불쾌함을 느끼는 과정을 통해, 당신은 무엇을 좋아하고 좋아하지 않는지, 무엇이 자신에게 이롭고 해로운지를 판단하게 된다.

131
가장 쉬운 길

이렇게 느낌이 좌우하는 삶 속에서 무언가를 누리고자 한다면 그것을 먼저 느껴야 한다. 이 느낌이 없다면 당신의 인식(realization)은 아무 의미가 없다. 하나의 상태를 느끼는 순간, 당신의 지적인 앎은 비로소 참된 인식이 된다.

당신의 태양이 유한성의 먹구름 뒤로 사라지고, 마음이 스스로 만든 환영의 그림자에 사로잡혔다면, 잃어버린 왕국을 되찾기 위해 열려 있는 길은 단 하나뿐이다. 그것이 바로 헌신의 길이다.

그 헌신의 길은 가장 쉬운 길이자 그 길 위에는 어떤 희생, 노고, 장애도 없다. 그것은 봉헌의 길이며, 자아 포기의 길이며, 우리를 전능자의 왕좌까지 인도하는 길이다. 또한 기도로 자신의 존재를 만물의 영에게 맡기는 길이다.

132
기도

기도에는 강력한 추진력이 있다. 그것은 마음을 기도의 대상으로 향하게 한다. 세상의 무시무시한 환영들로 흩어져 있던 근심 많은 마음을 한 지점으로 모아, 원하는 방향으로 나아가게 한다. 시들어져 쇠약해져버린 용기와 희망은, 영혼이 신이라는 빛을 향해 한 걸음씩 올라갈 때마다 급격히 되살아난다.

어쩌면 "누가 신이란 말인가? 신은 어디 있는가?"라고 물을지도 모른다. 멀리서 그를 찾을 필요는 없다. 신은 바로 당신의 자아, 즉 당신을 생각하고 행동하고 움직이게 하는 권능이다. 이 권능은 모든 기도에 응답을 주면서 인간의 모든 필요를 돌본다.

만약 영적인 활력을 잃고, 정신적 무력감의 깊은 어둠 속에 빠져 있다면, 당신의 온몸 구석구석에 스며들어 생명으로 움직이게 하는 신을 향해 마음을 돌려라. 그분께 기도하라.

133
기도하는 법

원하는 것이 무엇이든 그것을 할 수 있다고 믿는다면 그 권능이 그것을 이루게 해줄 것이다. 기도하는 동안 마음을 당신 자아에게, 즉 당신 안의 신에게 향하라. 그렇게 한다면 의식 안에서 점점 더 불멸의 존재(Eternal Presence)를 느끼게 될 것이다. 그리고 결국 내면의 신의 무한한 축복 속에 푹 빠질 것이다.

조금씩 당신 안의 신과 대면하게 될 것이고 이 앎이 짜릿함을 선사해줄 것이다. 바깥 어딘가에 멀리 떨어진 신을 찾은 것이 아닌, 바로 당신의 생명으로서의 신을 마주하게 될 것이다. 이렇게 드리는 기도는 마음을 다시 왕국으로 끌어올려, 당신이 신과 함께 햇살이 가득한 골짜기를 걷고, 영원한 행복의 꽃이 피어나는 길을 걷게 할 것이다.

134
완벽한 기도

 하지만 일반적으로 말하는 그런 기도의 방식으로 하지 말라. 아들이 아버지와 어머니에게 원하는 것을 말하는 것처럼 기도하라. 마음은 신을 향한 채, 마치 친한 친구에게 말하듯 사랑과 애정을 담고서 미사여구로 꾸미지 말고 진솔하게 말하라.

 "아버지, 당신께서는 제가 요청한 것들을 이미 허락하셨습니다. 하지만 지금 이 순간 저는 그것을 인식하지 못하고 있습니다. 당신의 영원한 선물을 깨닫게 하시고, 저의 불멸성을 자각하여 기쁨으로 가득 차게 하시며, 영원의 시간 속에서 이미 제게 주신 것들을 알게 하소서."

 이처럼 기도하라. 꼭 이것 그대로 하라는 것이 아니라 이 취지를 살려서 기도하도록 하라. 당신을 생각하고 행동하고 움직이게 하는 권능이 바로 신이다. 마음 안에서 당신 안의 신을 만날 때까지, 즉 그분의 존재를 느낄 때까지 계속 기도하라. 신의 존재를 느끼면 정신적 고양과 환희를 느끼게 될 것이다. 이것이 바로 당신의 기도가 응답되었다는 증거이다.

135
기도의 시간

 예배 시간에는 같은 믿음을 가진 당신의 형제자매들과 서로 복돋기 위해 소리를 내어 기도해야 한다. 어느 날 몇몇 친구들이 나를 찾아왔고, 당시 내가 예배 시간을 자주 주관하던 터라 이번에도 예배를 이끌어 달라고 요청했다.

 "좋습니다. 우리 모두 기도의 시간을 갖도록 하겠습니다. 다만 각자 마음이 고양되어 응답을 받았다는 확신이 들 때까지 소리를 내어 기도해 주시기 바랍니다."

 모두가 동의했다. 기도가 진행되는 동안, 손가락에 패혈증이 있던 한 여인이 즉시 나았다고 말했다. 백내장을 앓던 한 남자는 그 자리에서 시력이 회복되었다. 수년간 탈장으로 고통받던 한 남성도 짧은 기도 후 완전히 나았다고 고백했다. 그 결과들은 놀라웠다. 모두 과학적인 기도를 통해 이루어진 성과였다.

136
내부의 신성을 자각하기

 기도라 불리는 것 이면에는 정확한 법칙이 있기 때문에 나는 이것을 과학적 기도라고 부른다. 어떤 때는 이루어지고 어떤 때는 실패하는 임의적 원리가 아니다. 우리는 우리가 기도하는 신이 누구인지, 그리고 왜 기도하는지를 알고 있다. 기도는 모든 것이 영원의 시간 속에서 이루어졌음을 아는 상태까지 마음을 고양시키는 방법이다. 우리는 기도를 통해 우리 안에 있는 신이 그 존재와 영원한 계획에 따라서 영원히 활동하고 있음을 깨닫는다.

우리의 기도는 진정한 오순절 연회다. 그것은 이성을 상실한 격한 흥분이 아닌, 사랑과 헌신의 정돈된 표현이다. 우리는 기적 같은 현상을 기대하지 않는다. 다만 우리의 삶 속에서 신이 모든 것임을 깨닫는 고귀한 자각을 기대한다. 그때 고양된 감정이 일어난다. 이것은 영혼이 표현되는 채널이다. 그 창조가 일어나는 상황 속에서 일어나는 모든 감정은 신의 것이다. 그 고양된 감정은 자의식을 가진 생명을 위로 흐르게 하는 물결이며, 지금 여기에서 신과 그 영원한 창조를 자각하게 해준다.

137
타인을 치유하기

기도를 통해 누군가를 치유하고자 한다면 마음을 자신에게로 돌리고 당신 내면의 신이 일하고 있음을 보라. 그 신은 고통받는 이의 마음을 그의 영원한 완전성에 대한 인식으로 변화시키고 있다. 그렇게 하면 환자가 보여주는 겉모습의 불완전함에 마음이 빼앗기지 않게 된다. 당신은 다만 주님이 그 불완전한 정신적 이미지를 완전한 것으로 바꾸시는 과정을 바라볼 뿐이며, 자신의 의지나 힘으로 그의 마음을 변화시키거나 조종하려 하지 않는다.

또한 환자 안에 있는 신께 기도하여, 결핍이나 불완전함의 정신적 이미지를 변화시키고 그 변화가 지금 이뤄지고 있음을 인식하라. 이런 형태의 치유의 기도는 당신의 마음을 무한한 생명과 연결하게 해주며, 모든 불쾌한 반응으로부터 벗어나게 해준다.

138
신, 활동하는 신

당신 안에서 영감을 불어넣고 당신을 활동하게 만드는 '영원히 활동하는 신(ever-active God)'을 인식하라. 지금처럼 생각할 수 있는 것도 '영원한 신의 활동'의 결과이고 만약 그 활동이 없었다면 지금처럼 생각할 수도 없었을 것이다.

지금처럼 '생각하는 상태'가 주어져야만 최상의 기쁨을 인식하고자 하는 필요 또한 생긴다는 것을 잊지 말라. 근원 존재 안에서 영원한 것은 영원히 활동하고 있다. 결코 멈추지 않는 근원 존재(Being)는 결코 멈추지 않는 활동을 한다. 이 활동은 영원하다. 창조생명은 영원한 시간 속에서 존재하는 것들을 영원히 활동하게 하며, 그 자신 안에서 영원히 움직이고 있다.

그러니 생명을 불어넣고 살아 움직이게 만들고 어떤 충동을 주고 있는 당신 안의 그 힘을 느껴라. 이런 신의 개념과 접촉하게 되면, 당신이라는 작은 자아에 갇힌 의식은 사라지고, 영감 속에서 행동할 수 있는 용기와 확신이 샘솟을 것이다.

139
활동하지 않는 신에 대한 믿음, 환영

신을 고정되거나 정지된 상태로 인식해서는 안 된다. 만약 창조와 그 활동을 환영이라 믿으며 신을 움직이지 않는 존재로 생각한다면, 당신은 정신적 무기력에 빠지고 말 것이다. 어떤 것을 환영이라 부른다면, 결국 그것은 근원 생명이 창조하는 것 또한 환영이라는 뜻이 된다. 그렇다면 활동 없이 근원 생명이 어떻게 환영을 만들어낼 수 있겠는가? 창조가 있으려면 그 안에 본질적으로 창조하는 성질이 내재되어 있어야 한다. 그렇지 않다면 창조 자체가 불가능할 것이다.

심지어 환영을 환영으로 인식하는 것도 본질적으로 하나의 활동(action)이다. 인식의 활동(action)이 없다면 어떻게 당신은 하나의 사물을 인식할 수 있는가? 마찬가지로, 당신이 생각하는 것을 멈췄다고 인식했을 때조차 당신이 계속 생각하고 있는 것처럼, 당신은 신이 움직임 없고 활동이 없다고 인식할 때조차 여전히 신은 활동하고 있다.

140
세상이 환영이라는 잘못된 믿음

모든 활동이 근원적 생명의 활동이라면 어떻게 활동 없이 근원적 생명을 알거나 인식할 수 있겠는가? 이제, 이른바 '눈에 보이는 세상'이 환영이라는 철학에 따라 우리가 그 환영에서 완전히 벗어났다고 가정해 보자. 정말 그렇게 되었다면 행위를 할 욕망조차 사라지지 않겠는가? 다시 말해, 이 외부 세계에서 무언가를 하도록 자극하는 동력을 잃게 되지 않겠는가? 그렇다면 환영으로부터 벗어나는 것이 실제로는 아무런 이득도 되지 못할 것이다.

그렇게 세상이 환영이라는 믿음은 정신적인 우둔함과 정체를 계속해서 낳는다. 그런 신조를 따르는 개인들과 국가는 역사 속에서 별 볼일 없는 존재로 사라져버렸다. 만약 당신이

야망과 적극적인 변화를 향한 의지를 지니고 있으면서도 이런 신조를 따른다면, 환영의 이론과 '자연스러운 생명의 표현'을 억지로 조화시키려 할 것이고, 그 결과 거짓된 삶을 살게 될 것이다.

숨을 한번 들이쉬면서 "이 모든 것과 나의 욕망은 허상이니 실제로는 존재하지 않는다"라고 생각하고, 숨을 내쉴 때는 "자유를 인식한다면 내가 원하는 것을 얻게 될 것이다"라고 생각하면서, 이중적이고 모순된 삶을 살게 된다.

141
멈추지 않는 창조의 활동

사색으로 얻은 결론, 이론, 생각은 모두 단지 '당신이 품은 관념'일 뿐이다. 그러나 진정한 당신은 그 관념을 만들어 내는 자, 곧 '관념의 주체(Conceiver)'다. 당신의 우주적 창조물은 당신 안에 본래 내재한 '자동적인 관념'이며, 그것은 당신의 본성 속에 원래부터 주어진 것이다. 다만 지금 당신은 이 영원한 관념을 오직 한 개인의 관점에서만 인식하고 있을 뿐이다. 이 세상에서 당신은 하나의 개별적 개성으로 표현되지만, 당신의 참된 존재(Being) 안에서는 '우주적 에센스(universal Essence)'다.

예수가 깨달았던 것은 바로 이 '영원히 활동하는 신'이었다. 그래서 그는 이렇게 말했다.

"지금까지 나의 아버지가 일하시니 나도 일하노라."

이렇듯, 지금의 개별적 자아 뒤에서 전능자의 충동이 멈추지 않고 계속된다는 비전을 가질 때, 인간에게는 강력한 힘이 주어진다. 예수는 또한 우리 각자가 바로 '하나의 생명(One Life)'의 표현임을 깨닫고 선언했다.

"나와 아버지는 하나이다."

이러한 깨달음을 얻은 자는 성령의 영감으로, 세상이 불가능하다고 부르는 일조차 담대히 행한다. 그의 모든 행동들은 사랑, 정의, 조화, 평화에 이바지한다. 그의 내면에는 억누를 수 없는 열정의 불이 끊임없이 타오르며, 그는 어떠한 장애나 장벽도 인식하지 않는다.

142
현재의 필요가 공급을 만든다

항상 기억하라. 지금 이 순간 당신이 받아들일 수 있는 만큼만 받게 된다. 당신이 필요로 하고 또 사용할 수 있는 만큼이 주어진다. 이미 받은 것을 쓰지 않는다면 온갖 불쾌한 반응을 불러오게 될 것이다.

어떤 사람이 신의 선물을 더 크게 나타낼 수 있는 위대한 능력을 가졌다고 부러워하지 말라. 본래적으로 그에게 더 많은 것을 받을 권능이 주어진 것이 아니다. 단지 그가 그것을 받아들일 수 있는 그릇을 더 키웠기 때문이다. 당신도 그릇을 넓힌다면 이른바 '위대한 자'라고 불리는 사람과 다를 바 없을 것이다.

다만 위대한 자에게는 지금 당신보다 훨씬 더 큰 책임이 주어진다. 즉, 더 큰 봉사의 책무가 요구되는 것이다. 다른 사람보다 더 위대해지고자 하는 탐욕이나 남을 앞서려는 욕심을 버려라. 참된 위대함은 자연스러운 본성에 머무는 데 있다. 강물이 자연스럽게 대양을 향해 흐르고, 꽃봉오리가 때가 되어 피어나는 것처럼, 위대한 이도 의식의 꽃이 피는 시기에 맞추어 자연스럽게 산다.

143
진정한 위대함

한 사람이 법칙을 이해하고 그것을 확고히 지켜낼 때, 그리고 타인의 자유를 침범하지 않고 본성에 맞추어 살고 행동하고 꿈꿀 때 그는 진정 위대한 사람이다. 법칙은 그에게 행복과 기쁨을 주었기 때문에 세월의 흐름이나 흥망성쇠의 변화를 겪더라도 그 영원한 기쁨과 행복은 결코 꺾이지 않는다.

제국은 번영하다가도 쇠퇴하고, 인간이 만든 규범도 제정되었다가도 폐기된다. 때로는 군주들이 낡은 관습을 지키기 위해 그리스도를 십자가에 못 박을 수도 있다. 그러나 결국 그들이 짊어진 관습의 무게가 스스로를 무너뜨리고 말 것이다.

그러나 진정 위대한 자, 불멸하는 운명의 아들은 태고의 반석 위에 굳건히 서있다. 그는 어떤 타협도 하지 않으며, 무자비한 폭군의 채찍 아래에서도 비굴하게 눈물을 흘리지 않는다. 오직 우주의 흐름에 맞춰 당당히 나아간다. 그는 불멸의 인간 의식을 지녔기에 그 누구 앞에서도 굴하지 않는다.

144
진정한 신의 아들은 두려워하지 않는다

성직자들, 율법학자들, 바리새인들은 잃을 것이 많았다. 세상의 명예, 권력, 존경. 그들은 이것들을 버리기가 쉽지 않았다. 그러나 진정한 신의 인간은 그 무엇도 두려워하지 않는다. 그의 유일한 목적은 자신의 비전이 주어진 곳까지 삶을 사는 것이다.

인간 사회에 많은 혜택을 주었던 개혁 모두, 그리고 우리가 자랑스러워할 만한 고귀한 성취들 모두는 이 소수의 위대한 영혼들이 일군 것이다. 어떤 이들은 이득과 손해를 저울질하며 머뭇거리고 있을 때 이 위대한 영웅들은 자신의 목숨을 담보로 담대하게 행동했다.

얼마 전까지만 해도 여인들은 거의 노예처럼 취급받았다. 남자들이 누리던 모든 권리들이 여인들에게는 거부되었던 때가 있었다. 그러나 지금의 문명화된 사회에서는 그런 족쇄를 채우는 일은 사라졌다. 이 고귀한 인권을 얻어낸 투사는 누구인가? 교회도, 성직자도, 율법학자도, 귀족도 나서지 못했던 것을 소수의 담대한 영혼들이 해냈다.

145
길 안내자

우리가 지금 경외하는 인물들은 그 당시에는 비웃음과 조롱, 그리고 박해의 대상이었다. 그들은 사람들의 존경을 원하거나 뒤늦은 영광과 칭송마저 필요로 하지 않았다. 그들이 유일하게 필요로 한 것은 인간의 자연스러운 성장에 발맞추어 우리의 이해능력을 발전시키는 것이었다.

이처럼 눈앞에 고귀한 본보기가 있음에도 불구하고, 당신은 여전히 변하지 않은 채 더 높은 이상과 더 고귀한 자유의 관념을 십자가에 못 박으려 할지도 모른다. 지나간 시대의 잘못된 이상을 붙잡고, 인류의 자유와 형제애에 반대하는 군중의 분노를 부추기려 할지도 모른다.

그런데도 신의 정화의 불꽃이 당신에게 내린다면 그것이 그리도 이상한가? 그런데도 당신의 독선적인 정의가 당신을 병과 불행으로부터 구원하지 못하는 것이 그리 이상한가?

146
자연의 계획, 계속된 진화로 이끄는 힘

만물은 더 높은 세상을 향해 계속해서 나아가고 있다. 그렇기에 당신에게 어떤 손실이 일어났더라도 슬퍼하지 말라. 왜냐하면 더 좋은 것들이 계속해서 다가오고 있기 때문이다. 어떤 것을 계속 지켜내려고 한다면 지금 떠나야만 하는 것을 꽉 쥐고 있는 중임을 깨달아야 한다.

자연은 결코 당신이 반드시 가져야만 하는 것을 빼앗아 가지 않는다. 그리고 자연이 무언가를 당신에게서 가져갔다면, 항상 더 나은 것을 돌려준다. 올바른 것이 나에게 온다는 기대를 갖고 지금의 잘못된 것을 마음속에서 놓아준다면 더 나은 것들이 그 비워진 곳을 통해 들어온다. 현세적인 마음에 물든 사람은 이 진리를 이해하지 못한다. 그래서 지금 자신들에게 고통과 불행을 가져오는 것을 꽉 붙들고 놓아주려 하지 않는다.

147
신의 계획의 조화로움

신의 계획과 그것이 나타난 것들은 너무 경이롭다. 이 경이로움을 인정한다면 왜 우주적이고 불멸하는 만물의 질서를 거스르려 하는가? 만약 지금 당신이 가진 것이 당신에게 올바른 것이라면 그것은 결코 걱정과 근심의 원인이 되지 않는다. 오직 행복과 기쁨을 가져다주며, 마음에는 어떤 부조화나 분열이 존재하지 않는다. 두 사람이 서로 조화를 이룬다면, 그들은 자연스럽게 우주 조화의 법칙 속에서 완벽한 리듬을 타게 된다.

당신이 단순히 살과 피로만 이루어진 존재가 아니라면, 생명을 바라보는 시야를 더 넓히는 것은 어떠한가? 그리고 죄와 유혹을 떨쳐버리고 신의 영원한 조화의 길을 따르는 것은 어떤가? 그러나 지금의 당신이 관습을 두려워하고 세상의 조소와 비난을 두려워한다는 것을 나는 알고 있다. 그런 두려움 때문에 지금 당신이 신의 자유로운 생명과 죄 없는 삶을 담대히 살고자 했을 때 어떤 일이 생길지 몰라 밤낮으로 고통스러워할 것이다. 그런 마음 상태에 머무는 한, 당신은 신의 진리에서 멀리 떨어져 있는 것이다.

148
무지개다리

그렇다. 영혼이 영광에서 영광으로 건너가는, 오직 축복만이 존재하는 무지개다리가 있다. 그 영광스러운 신의 길 위에서 한 영혼은 다른 영혼과 소통을 하며, 세상의 어떤 그물도 묶을 수는 없는 곳이다. 이 무지개다리, 오직 조화와 사랑만이 있는 이 길을 따르라.

신은 그곳에서 영원한 축복을 내리면서 영원한 신성함과 완벽함을 선포하고 있다. 그곳에서 마음은 육체를 초월하고, 영혼은 영광 속에서 그리스도의 의식에 이르기까지 계속 높이 오른다.

우주의 펼쳐짐의 과정들은 결코 슬픔과 고통으로 이루어져 있지 않고, 오직 축복과 평화로 충만하다. 그러니 이 축복과 평화의 길을 따라, 아버지의 품속에서 영원한 영광을 받는 것이 어떤가? 그리고 이 광대한 우주와 하나 되어 부활한 영혼의 기쁨을 느껴보는 것이 어떤가?

149
한 방랑자의 이야기

어느 오후, 시냇가를 따라 산책하고 싶은 생각이 들었다. 생각에 잠긴 채 천천히 걷다가 한 방랑자를 만나 인사를 나누었다. 이 남자가 살아온 이야기를 들어보고자 하는 생각이 들어 걸음을 멈추고 그 가까이에 있는 통나무에 걸터앉았다. 그리고 그와 이야기를 나눴다.

놀랍게도 그의 말투에는 학식과 교양이 넘쳐났다. 솔직히, 그렇게 누추한 차림의 사내가 이토록 교양을 갖추고 있을 줄은 예상치 못했다. 동양의 종교적 전통에서는 속세적인 것을 버리라는 관습이 있기 때문에 학식이 있지만 초라한 차림을 한 방랑객을 자주 볼 수 있지만, 이곳 서양에서는 이런 인물을 만나는 것은 흔한 일이 아니었다.

150

나는 그에게 왜 집을 떠나 떠돌고 있는지 물었다. 이야기하자면 긴 이야기가 될 거라는 말과 함께 불행한 과거를 회상하는 듯, 눈가가 슬픔으로 젖으면서 잠잠해지기 시작했다. 깊은 침묵에 들어선 그의 영혼을 방해하고 싶지 않았다. 잠시 후 그가 침묵을 깨고, 웃으며 말했다.

"제 과거에 관심이 있는 것 같군요. 좋습니다. 다시 만날 사이도 아니니 제가 이야기해드리죠. 제가 부랑자처럼 보이시죠? 그런데 10년 전에는 이렇지 않았습니다. 행복과 밝은 미래를 꿈꾸며 살았죠. 동부의 농장에 있는 시외에서 태어나, 정직한 아버지와 선량한 어머니 밑에서 자랐습니다. 선량한 어머니? 그 말로는 사실 제대로 제 어머니를 표현하지 못하겠네요. 제게 어머니는 고귀함과 진실함 그 자체죠. 저는 자연스럽게 이상주의자가 되었습니다.

151

"대학을 졸업하고 더 나은 기회를 잡기 위해 도시로 갔습니다. 그곳에서 한 여자를 만나 사랑에 빠졌고, 결국 결혼까지 했죠. 그 몇 년 동안 더할 나위 없이 행복한 결혼 생활을 누렸습니다. 저는 저 자신을 바쳐서 사랑했고 열심히 살았습니다. 무언가 잘못될 거라는 생각은 꿈에도 하지 못했고, 이 행복이 끝날 거라는 상상조차 하지 않았습니다.

"그러던 어느 날, 평소처럼 퇴근해서 아내를 불렀습니다. 그런데 아무런 대답이 없었습니다. 구석구석을 다 찾아봐도 아내의 모습은 보이지가 않았죠. 탁자 위에서 메모를 발견했는데, 저보다 더 사랑하는 남자를 만나게 됐고 이제 그와 떠난다는 내용이었습니다. 마른하늘에 날벼락과 같았죠. 가슴은 산산이 부서졌고 제 꿈도 다 접었습니다.

"이 믿기 힘든 현실을 계속 생각하자 건강마저 날이 갈수록 악화되었습니다. 휴가를 떠나 휴양지에서 보내봤지만 아무 소용이 없었습니다. 어느 날, 그렇게 어슬렁거리고 있을 때 한 방랑객을 만났습니다. 그의 근심 없는 생활 방식을 보니, '나도 저렇게 살면 이 고통을 잊을 수 있지 않을까' 하는 생각이 들었고, 그때부터 이렇게 살아오고 있습니다."

152
자연의 회복 과정

나는 그의 말을 주의 깊게 들었다. 그가 말을 마쳤을 때 말했다.

"우리의 것은 그 누구도 빼앗을 수 없다는 사실을 알고 있습니까? 이 우주에는 공정하고 진실하며, 결코 어떤 실수도 저지르지 않는 법칙이 있습니다. 이 법칙은 모든 잘못된 상황을 바로잡아 제자리에 놓습니다.

"만약 당신이 잘못된 위치에 있다면 이 법칙이 당신을 올바른 자리로 이끌 겁니다. 마찬가지로 당신이 잘못된 결혼생활을 하고 있다면 이 법칙은 어떤 수단을 동원해서라도 당신과 그 사람 사이를 갈라놓고, 어딘가에서 당신을 기다리고 있는 올바른 사람과 만나게 할 겁니다.

"이 세상에 창조의 계획이 없다면 당신은 이곳에 있지도 못할 겁니다. 또 이 우주의 계획이 없다면 사랑하고자 하는 마음도, 같이 살고자 하는 마음도 갖지 못할 겁니다. 그러니 당신의 마음에 그런 욕망이 생겼다면, 그 욕망을 이룰 수 있는 계획도 이미 함께 존재합니다.

"당신의 영적 성장의 단계에서 결혼에 대한 열망은 지극히 자연스러운 일입니다. 모든 자연스러운 욕망들은 신성한 계획 안에서 이미 성취되어 있습니다. 그러니 절망하지 마십시오. 이 끊임없이 이어진 우주의 길 위 어딘가에서, 누군가가 당신을 기다리고 있습니다."

153

말이 끝나기 무섭게 그는 내 손을 꽉 잡고는 눈물을 흘리며 말했다.

"지금 선생님께서 저에게 어떤 일을 했는지 상상도 못하실 겁니다. 이 우주의 길 어딘가에서 저를 기다리고 있는 그 사람을 찾으러 지금 당장 떠나겠습니다. 반드시 그녀가 저를 보고는 기뻐하겠죠. 가야겠습니다!"

그는 깊은 감사를 전하며 내 손에 입을 맞추고는 서둘러 길을 떠났다.

154
기쁨의 왕국

소위 슬픔과 비참함이라 불리는 길 위를 걷고 있을 때조차, 전능한 법칙은 우리를 영원한 평화와 행복의 거처로 인도하고 있다. 그러니 눈가의 눈물을 닦아내고, 기쁨의 미소를 지어라. 결코 사라지지 않는 미소는 그 빛으로 세상 전체를 환하게 비춘다. 행복의 미소를 지을 때 저절로 당신의 영혼은 신비의 성가를 부른다. 그때 마음은 다른 세상으로 옮겨간다.

그곳은 기쁨으로 이루어진 곳이자 당신의 불멸의 시선 안에 존재하는 곳이다. 정신적 세계의 상위 부분을 차지하고 있는 그곳에서 만물은 아름다움과 초월적인 모습으로 존재한다.

그렇다면 왜 여전히 슬픔과 죽음의 계곡에 머물러 있는가? 이제 산 정상으로 올라가, 신의 불멸의 왕국이 끝없이 펼쳐진 장엄함을 보는 것이 어떤가?

155
우리의 이상형은 현실에 존재한다

그 방랑자가 조금만 더 머물렀더라면 더 많은 이야기를 해 줬을 것이다. 그건 우리의 이상형이 실재라는 것이다. 우리의 이상형은 하나의 꿈이 아니라, 이 세상 어딘가에 존재하는 실재이다.

우리가 이상형을 꿈꿀 때 그것은 무한한 세상, 즉 우리의 생각 안에 존재하는 불가시(不可視)의 통로를 통해 우리에게 다가온다. 우리는 그 조용한 발자국 소리를 듣지 못할 수도 있지만 보이지 않는 그 존재를 느낄 수는 있다. 우리는 그것의 사랑과 축복의 표현을 직접 듣지 못할 수도 있지만 우리가 바라는 그것의 분위기를 이해할 수는 있다.

그 외형을 또렷이 식별하지는 못해도, 그 본질만큼은 알고 있다. 그 이상형은 멕시코에 있을지도 모른다. 아니 페루일 수도 있고, 브라질일 수도 있다. 어쩌면 뉴질랜드나 남아프리카, 아니면 일본일 수도 있다. 공간은 아무런 장벽도 되지 않고 시간이란 것도 문제가 되지 않는다.

156
모습을 드러낸 것들

우리의 상상의 세상 안에서 이상형을 꿈꾸고 만난 것처럼, 이 단단한 현실에서도 언젠가 만나게 될 것이다. 어느 날, 설명할 수 없는 신비스러운 방법으로 운명이란 길 위에서 이상형을 만나게 될 것이다.

만약 우리가 외형적인 선입견에 지나치게 사로잡히지 않는다면 그 사람을 내면의 끌림과 조화의 느낌으로 알아보게 된다. 추상적인 마음속 이미지였던 이상형은 이제 육신이란 옷을 입은 채 나타나는 것이다.

대담하게 그 사람 앞으로 가서 "난 당신을 압니다. 우리는 예전에 만난 적이 있습니다"라고 말하기에는 약간의 망설임과 두려움이 있을지도 모른다. 그러나 인생 여정 속에서 우리는 이미 마음속에서 사랑하고 느껴왔던 영혼들을, 이른바 육신의 차원에서 여러 번 다시 만나게 된다. 마음속에서 그 이상형을 계속 간직한다면, 언젠가 현실에서도 반드시 만나게 될 것이다.

157

어느 날 한 힌두 소년이 현자를 찾아가 물었다.

"스승이시여, 저는 이 생애 동안 제 구루를 만날 수 있을까요?"

현자는 대답했다.

"네 구루는 널 만나기 위해 긴 여정을 떠났다. 기다려 보아라. 언젠가 그가 너에게 올 것이다."

소년은 3년의 시간을 계속 기다렸다. 그러던 어느 날, 한 남자가 소년의 뒤에 서서 부드럽게 어깨에 손을 얹으며 말했다.

"애야, 내가 여기 있다. 네가 나를 찾고 있었구나. 따라오너라!"

그의 목소리를 듣자마자 스승의 음성임을 알아채고 따라나섰다.

이 이야기가 조금은 신기하게 들릴 수도 있다. 하지만 이 안에는 어떤 신비도 없다. 영원함 속에 현현하고 있는 이 세상에서 모든 것은 언제나 존재한다. 당신이 하나의 이상형을 인식한 순간, 그 이상형과 실제 정신적인 접촉이 이루어진 것이다. 그 순간부터 그 이상형은 당신의 눈앞에 있는 세계로 다가오고, 마침내 만나게 된다.

그러나 주의해야 한다. 만약 우리가 육체라는 선입견에 사로잡혀 있다면, 설령 그 이상형이 눈앞에 있어도 알아보지 못할 것이다.

158
인종에 대한 선입견

당신이 만나고자 하는 이상적인 사람이 그리스도와 같은 사람이라 생각해보자. 당신은 이 사람이 당신에게 와서 영적인 지혜를 주기를 바란다. 하지만 흑인의 모습을 했다면 어떤 반응을 했을까? 어쩌면 황인종일 수도 있고, 붉은 얼굴을 할 수도 있고 다른 피부색을 지닐 수도 있다. 당신에게 인종적인 선입견이 있다면 그 사람을 알아볼 수 있을까?

육체적인 이상형은 그 형상을 뛰어넘어 존재하는 이상형, 즉 그 본질에 대한 이상형을 가로막는다. 이 객관적인 세상이 당신의 주관적인 세상 안에서 드러나게 될 때에야 외형이란 것에 속지 않을 것이다. 외형에 대한 진정한 가치는 그 안에 깃든 본질이다. 그러므로 의식이 높아진 것처럼, 참된 가치에 대한 안목 또한 더 높은 기준으로 세워야 한다.

159
사랑의 왜곡

그리스도가 당신에게 오기를 바란다면 외형과 행동에 대한 당신의 선입견에 그분을 가둬서는 안 된다. 그렇게 한다면 당신은 속게 될 것이다. 외형과 행동에 대한 당신의 고정관념은 당신의 시야에 의해 제한되며, 그런 이상형은 당신 자신에 대한 관념을 결코 넘어서지 못한다.

그러나 외형과 태도에 대한 선입견에 사로잡히지 않은 채, 당신을 인도하고 보호해줄 하나의 이상형을 믿는다면 머지않아 그리스도와 같은 영혼을 만나게 될 것이다. 그런 그리스도와 같은 사람은 이 세상의 기준에 맞춰 행동하는 것이 아니라 더 높은 세상의 기준에 맞춰 행동한다. 당신이 생각하는 외형적 모습과 일치하고 당신의 특정한 취향에 맞춰 행동하는 사람은 곧, 양의 탈을 쓴 늑대임이 밝혀질 것이다.

이것은 왜 육체적인 관념에 사로잡힌 많은 남성과 여성이 그들의 사랑과 애정을 잘못된 대상에 맞추는지를 설명해준다. 그러나 그들이 정신을 차린 순간, 그 허상은 사라져버린다. 본질에 대한 이상형을 간직한다면 세상 어느 것도 빼앗을 수 없는 행복과 기쁨을 얻게 될 것이다.

160
이상형에 대한 자각

이것이 바로 율법학자와 바리새인들이 예수가 메시아임을 알아보지 못한 이유이기도 하다. 불멸의 그리스도는 모든 인간의 영혼 안에 깃들어 있다. 당신은 형상을 넘어선 형이상학적인 세계, 즉 생각의 세계 안에 있기 때문에 모든 이상적 관념들 역시 형상을 뛰어넘어 존재한다. 외형이라는 것에 깊이 집착해 있다면 평생 꿈꾸고 사랑했던 이상형을 마주하더라도 알아보지 못한 채 지나쳐버릴 것이다.

161
현실로 나타난 이상형

몇 해 전, 한 영국 신사와 이야기를 나눈 적이 있다. 그는 캐나다에 살던 시절, 눈에 보이지는 않지만 어떤 이상적인 여인의 존재를 자주 느꼈다고 한다. 그녀의 외형은 흐릿했지만, 보이지 않는 그 존재가 마음을 설레게 만들었다. 3년이 지난 후, 바로 그 여성을 만났다. 그녀는 뉴질랜드에서 지구 반 바퀴를 돌아서 남자가 있는 곳으로 여행을 왔다. 그 만남은 그가 상상하지 못하는 방법이었다. 근원 생명(One life)은 그것의 서로 다른 표현들을 불변하는 상응의 법칙에 맞춰 만나게 했다. 알지도, 본 적도 없는 이상형일지라도 그 본질이 당신의 마음속에 새겨져 있다면, 그는 반드시 당신의 삶 속으로 이끌려 올 것이다. 당신의 이상형은 당신의 과거에 대해서는 관심이 없다. 오직 당신의 현재 마음 상태에만 관심을 둔다.

162
너무나도 자연스러운 상상

우리가 어떤 이상적인 상태를 상상하거나 꿈꿀 때, 왜 마음이 설레고 짜릿함이 느껴지는지 생각해본 적이 있는가? 그 이유는 바로 지금이 당신이 그 생각을 하고, 그 꿈을 꾸고, 그 조건을 그려볼 때이기 때문이다.

가슴을 두근거리게 하고 기쁨을 안겨주는 상상은, 당신이 그것을 상상하기를 바라는 뜻에서 마음속에 나타난 것이다. 전능한 신은 당신이 그것을 상상하기를 원한다. 그것이 타인의 정당한 권리와 자유를 해치지 않으면서도 당신에게 평화와 행복을 준다면, 그것은 올바른 생각이다.

당신은 세상 속에서 생각하거나 상상함으로써 살아간다. 어떤 사물 자체가 당신에게 기쁨을 주는 것이 아니라, 당신이 그 사물에게 부여한 상상의 가치가 기쁨을 준다. 그러므로 아름다운 저택에서 사는 모습이나, 어떤 행복한 것을 누리는 모습을 상상했을 때 기쁨이 느껴진다면 그 상상에는 어떤 잘못도 없다.

163
올바른 심상

상상 속에서 어떤 것을 즐길 수 있다면, 당신은 그것을 가질 자격이 있다는 것이다. 이때 느껴지는 즐거움은 자연스럽고 무의식적이어야 하며, 과거와 미래에 얽매이지 않아야 한다. 이것은 당신의 특권이며, 신성한 계획에 따라 주어진 것이다. 당신이 자연스럽게 보고 있는 것이, 당신이 주고받고 누리게 될 능력을 결정한다.

이 능력은 탐욕과 이기심과는 거리가 멀어야 한다. 만약 단순히 소유의 기쁨을 위해 무언가를 바란다면, 설령 그것을 손에 넣었을 때도 진정한 만족을 얻지 못할 것이다. 죽은 영혼은 자신이 소유한 것을 누릴 수 없고, 그 소유물은 생기와 생명을 잃는다. 그러나 원하는 것을 이미 가진 듯이 상상하며 기쁨을 느낀다면, 그것이 실제로 주어졌을 때 그 본질을 온전히 누릴 수 있게 된다. 그래서 실제 그 상상이 물질적인 현실로 나타났을 때도 기쁜 마음으로 누리게 될 것이다.

164
성취

어떤 것을 상상했을 때 그것이 당신의 상상력을 자극하면서 영혼에 짜릿함을 선사한다면 그런 물건이나 상황들은 단지 당신의 소유를 위해서 주어지는 것이 아니라, 당신이 그것을 사용하고 누리도록 주어지는 것이다. 그렇다면 지금 이 순간, 상상 속에서 그것을 마음껏 사용해보라. 신성한 계획과 그것의 성취를 인정한다면, 언젠가 당신이 꿈꾸던 것이 실현될 것이다.

기쁨을 느낄 수 있는 상상은 영원한 시간 속에서 영원히 당신의 것임을 알라. 이 사실을 기억하면서 평화와 조화 속에 거하라. 그러면 완벽한 조화와 평화의 마음이 당신을 자신과 모든 이의 선을 위해 활동하는 매개체로 만들어줄 것이다.

165
꿈

올바른 상상이 어떤 결과를 가져오는지 한 가지 이야기를 들려주겠다. 한 가난한 여자 아이는 리무진을 타고 저택에서 사는 것을 상상하곤 했다. 하지만 아이가 성인이 되었을 때 비교적 가난한 사람과 결혼을 했다. 그러나 계속해서 그 상상의 세계에서 살았다. 그러던 중 남편이 갑자기 세상을 떠나게 되었고, 재산은 한 푼도 남아있지 않았다. 그래서 생계를 위해 직접 일을 해야만 했고, 그녀가 일하게 된 곳은 부유한 청년이 운영하는 가게였다. 그 청년은 그녀와 사랑에 빠졌고 결국 결혼에 골인하게 되었다.

지금 그녀는 호화로운 저택에 살며 리무진을 타고 다닌다. 나는 그녀에게 "당신의 꿈이 현실이 되었을 때 놀라지 않았나요?"라고 물었던 적이 있다. 그녀의 대답은 "전혀요. 리무진을 타고 큰 집에서 사는 상상은 저에게는 이미 현실이 된 것처럼 자연스러운 것이었거든요"이었다.

166
현실이 된 꿈

나폴레옹이 프랑스 황제가 되었을 때 그는 권력을 휘두르는 것이 너무 자연스럽게 느껴졌다고 했다. 자신의 상상 속에서 제국을 세우고 다스리는 것에 이미 익숙해져 있었기 때문이다. 그가 도랑에서 프랑스의 왕관을 발견했을 때 마치 자신은 원래 통치자로 태어난 것처럼 자연스럽게 그것을 머리에 썼다.

그렇다. 당신의 모든 꿈들은 현현의 법칙 안에서 현실로 만들 수 있다. 만약 이 세상이 오늘 당신의 꿈을 실현시킬 수 있는 상황을 제공할 여력이 안 된다면 미래에 그 일이 일어날 것이다. 만약 그런 환경이 이 땅에서는 불가능하다면 당신은 그것이 가능한 다른 세상으로 가게 될 것이다.

그런데 사실은, 본성에 부합하지 않는 상상조차 현실이 된다. 그러나 그것이 현실이 되었을 때 고통과 슬픔을 갖고 온다. 이 법칙은 진실이고 반드시 그렇게 된다. 당신이 잘못된 위치에 있거나 잘못된 것을 가지고 있다면 고통이란 매개체를 통해 반드시 경고가 주어진다.

167
하나의 인격으로 표현된 근원생명

당신은 아마 "사람을 숭배해서는 안 된다"는 말을 들어본 적이 있을 것이다. 그러나 만약 세상 만물이 모두 근원생명의 현현임을 안다면, 특정한 한 사람을 높이 평가하거나 존경한다고 해서 걱정할 이유는 없다.

근원생명이 펼치는 이 드라마, 즉 근원생명이 모습을 드러내는 장면 속에는 본질적으로 분리된 인격이란 없다. 비록 그것을 한 개인의 개성처럼 부른다 해도, 그것이 근원생명의 하나의 표현임을 기억하라. 이 사실을 자각할 때 인격 숭배에 대한 모든 장벽과 한계를 넘어설 수 있다.

그때 당신은 사람들 모두가 한 명의 인간(One Man)이고, 모두가 이 하나의 생명을 표현한 것임을 안다. 지금 당신은 개성을 지닌 듯 보이지만, 근원의 의식과 맞닿을 때 그 개성은 초월된다. 그러므로 비록 한 개인처럼 보인다 하더라도, 올바른 시선으로 보면 그는 개성을 넘어선 근원생명으로 인식된다.

168
우주에 대한 이해

예수 그리스도는 "내 아버지의 집에는 많은 저택들이 있다"라고 말씀하셨다. 그렇다면 그 저택들은 과연 어디에 있는 것일까? 나는 궁금증에 빠졌다.

맑게 갠 여름 밤, 나는 눈을 들어 가늠할 수 없을 정도로 넓은 저 푸른 하늘을 보고 있었다. 하늘에는 과연 얼마나 많은 별들이 있는 것일까, 생각에 빠졌다. 별들 사이의 거리는 수백만 마일, 아니 아득할 정도로 먼 거리일 것이다. 그런데 우리는 한번 쓱 보는 것만으로도 그 끝도 없는 기나긴 거리를 한 눈에 담을 수 있다.

이것에 대해 생각하고 있을 때 엄청난 크기의 거대한 우주

한 가운데에 내 영혼은 서게 된다. 아득한 세월 동안 창조의 낮은 차원에 드리운 거미줄을 걷어내기 위해 애써 온 내 마음 속에, 우주의 빛이 서서히 스며든다. 그러다 문득 깨닫는다. 저 무한한 별빛의 장관 속에서, 사람이 홀로 있을 수 있는 단 한 곳도 존재하지 않는다는 것을.

그때 시간의 통로를 통해 내 귓가에는 예수 그리스도의 말씀이 울려 퍼졌다.

"내 아버지의 집에는 많은 저택들이 있더라."

169
무한한 우주

이 수없이 많은 세상들을 모두 감싸고 있는 '편재하는 생명'에 대한 비전이 없이는, 예수 그리스도의 말씀을 온전히 이해하지 못한다는 것을 깨달았다.

우리의 은하 안에 3천억 개의 태양이 있고 그 각각의 태양들은 우리의 것보다 더 큰 행성계를 지니고 있다는 것을 떠올리자, 내가 지니고 있는 사소한 생각들과 걱정, 문제들이 부끄럽게 여겨졌다. 이 우주의 광대함 속에서 나는 하늘에 계신 아버지의 불멸의 약속을 떠올린다.

"그분께서 가진 것은 모두 우리의 것이다."

170
모든 곳에 존재하는 생명

우리 은하 너머에는 또 다른 은하가 있다고 한다. 그 은하 역시 수없이 많은 태양을 품고 있을 것이다. 이 사실이 나의 마음을 흔들어놓았다. 우리는 이 광활한 우주 안에서 태양과 행성의 숫자를 가늠하기조차 힘들다. 그리고 이 무한한 무대에서 생명이 없는 창조물은 생각할 수 없다.

그 무수한 행성들에는 과연 어떤 생명들이 살고 있으며, 어떤 형체와 어떤 방식으로 자신을 표현하고 있을까? 시작도 끝도 없는 영원의 시간 속에서 진화해 온 그들은 의식과 깨달음의 여정에서 과연 어느 눈부신 지점까지 도달했을까?

그런데 작은 지구 안에서 오만한 생각을 가진 우리는 무슨 근거로 이 땅의 인간이란 형태가 근원생명이 표현해낸 최상의 종족이라고 믿고 있는 걸까? 불멸의 시간 속에서 창조는 계속 진행되어가기에 형체가 없고 움직임이 없는 창조란 생각할 수 없다. 소위 무생물이라 부르는 것조차 생명을 띠고 움직인다. 그들 안에서도 근원의 편재하는 생명(One All-pervading Life)의 심장은 뛰고 있다. 과학은 점차 이 사실을 입증하고 있다.

171
깨달은 자들의 세상

그렇다면, 아득한 공간 저 너머 수많은 행성들 가운데에는 이미 높은 영적 성숙에 이르러, 오직 모든 존재의 행복에만 관심을 기울이는 이타적인 영혼들이 살아가고 있다고 상상하는 것이 과연 불합리한가? 어둠 속에서 더듬거리며 고군분투하는 우리 인류는 마치 폭풍우가 치는 밤에 정처 없이 떠도는 선원들과 같다. 우리는 여전히 평화와 안식이란 안전한 항구를 찾는 중이다. 그렇다면 우리들이 그 위대한 존재들로부터 희망과 선의에 찬 메시지를 받을 수 있도록 정신적 라디오를 맞출 수는 없을까?

172
마음의 라디오

창조의 무한한 영역과 모든 존재에게 축복을 보내는 깨달음을 얻은 영혼들의 시선으로 우리 문제를 바라보는 것은 우리의 신성한 특권이다.

우리가 내면의 빛의 시야를 잃고 완전히 무기력한 상태에 빠져 있을 때조차 우리는 우주의 영혼들에게 도움을 요청해 선하고 진실한 모든 것을 살아있게 만들 수 있다.

매일 우리는, 의식하든 그렇지 않든, 정신의 라디오를 통해 낯선 사람들과 사업적으로나 사회적으로 접촉하고 그들을 끌어당기고 있다. 그렇다면 우리가 영적 진보를 이룬 우주의 영혼들을 끌어당기는 것 역시 가능하지 않을까?

혹시 이것을 단지 상상의 산물이라 생각한다면, 묻겠다. 이 삶과 관계 있으면서도 상상 너머에 있는 것이 과연 무엇인가? 나는 이것을 '근원자의 상상(Masterly Imagination)'이라 부른다.

173
새롭게 창조된 것은 없다

오늘 당신이 상상하고 내일 실현하는 모든 것이 이 광대한 창조 속에서 이미 다른 존재가 상상하고 실현한 것이 아니라고 누가 확신할 수 있을까? 어떤 새로운 생각을 했다고 믿고 있지만 그것이 영원한 시간 속에 묻혀있던 생각이 아니라고, 그리고 어떤 생명이 영원한 시간 속에서 품은 것이 아니라고 누가 단정하여 말할 수 있을까? 당신의 사업에 대한 계획, 재정적 아이디어, 시적인 감수성, 영적인 비전, 발명가의 영감, 이 모두는 우주적인 곳에서 비롯된 것이다.

형체 없는 창조를 상상할 수 없듯, 어떤 생명도 형체 없이 나타날 수는 없다. 그렇다면 누가 알겠는가? 우리가 품은 욕망과 열망과 성장에 맞추어, 하나의 육신에서 다른 육신으로, 하늘에 계신 아버지의 한 저택에서 또 다른 저택으로 옮겨가고 있을지 누가 알겠는가?

174
본성이 드러나는 모든 국면들

자연의 창조 과정은 당신의 의식적인 삶과 맞닿아 있기에, 당신은 이 과정을 알아볼 수 있다. 자연의 영원한 무대에서 영원히 모습을 드러내고 있는 모든 것을 당신은 인식한다. 예수, 붓다, 크리슈나, 당신 그리고 나는 모두 현현의 각기 다른 무대에서 영원히 존재한다. 모든 현현의 단계와 상태는 변함없이 영원하다. 그렇기에 과거의 나도, 또 미래의 나도 모두 영원한 영(Eternal Spirit)에게는 '영원한 현재'이다.

그러나 오늘 나의 영원한 표현(모습)은 어제의 영원한 표현(모습)과는 다르다. 예수, 붓다, 크리슈나가 펼쳤던 모습들은 신의식의 다른 측면과 관점을 나타내고 있다. 그래서 "나의 아버지의 집에는 많은 저택들이 있다"라고 말해지는 것이다. 이 저택들은 결코 어느 곳도 비어있지 않으며 영원하다. 수많은 영혼이 각각의 저택으로 들어가고 있지만 그리스도, 붓다,

크리슈나 안에서는 모든 존재가 마음과 육신에서 하나가 된다. 의식의 단계가 높아질수록, 개개인의 생각과 그들이 나타내는 모습들은 더욱 하나로 합해진다.

175
영원한 창조주

모든 저택은 그곳에 들어가는 자의 것이 된다. 20세기 전, 예수 그리스도는 이 진리를 제자들에게 나타내셨으며, 지금의 우리에게도 다시 나타내고 있으시다. 그렇다면 왜 신의 집인 이 저택들에 대해 불평하고 있는가?

이 영원한 창조 속에서 창조란 드러남(expression, 표현)을 뜻한다. 그것은 영원의 시간 속에서 스스로 드러내고 있는 자의 드러남이다. 그리고 그 드러남은 반드시 드러내는 자에게 속한다. 당신은 본질적으로, 그리고 최종적으로, 이 영원한 드러남 안에서 영원히 드러내는 자다. 결국 드러내는 자와 드러난 것은 하나다.

176
의식을 갖춘 무한한 생명

당신 자신을 잘 살펴보라. 자신에 대한 놀라운 진리를 발견할 것이다. 지금은 당신이란 존재의 한 지점에서만 인식하고 있을 뿐이지만, 당신은 본래 무한한 생명이다. 그렇다. 당신은 '인식의 주체인' 무한한 생명이다. 이 얼마나 놀라운 깨달음인가!

당신은 의식적으로 자신의 영원한 영광을 인식할 수 있다. 또 의식적으로 모든 꿈을 현실로 만들 수 있다. 그 꿈들은 영원 속에서 이미 이루어진 것이며, 그것이 이미 성취되었다는 인식과, 영원히 이루어진 일이라는 짜릿한 감각을 느낄 때 비로소 현실 속에 드러난다.

적어도 행복이 가득한 새벽과 붉게 물든 황혼의 시간만이라도 홀로 있으라. 자신 깊은 곳에서 모든 약속과 열망이 이미 이루어졌음을 깨닫게 될 것이다. 어떤 것이 이루어졌음을 알게 될 때 그것은 당신에게 이미 주어진 것이다.

이것이 내면의 대화(Self-communion)의 신비다. 어떤 문제든지 그것이 해결되었다는 확신에 이를 수 있다. 내면의 대화 속에서 참된 자아를 알게 된다면, 당신은 자유를 얻게 될 것이다.

177
현재의식 이전

우리의 현재의식 위에는 잠재적으로 인식하는 마음이 있다. 이 마음에는, 좀 더 정확히 말하면, 현재의식 이전에 작용하는 이 활동 속에는 객관적 마음의 원인과 결과로부터 앞으로 일어날 일을 미리 아는 지혜가 담겨 있다. 또한 긍정적이고, 진실하며, 선한 모든 것에 대한 직관적인 지식을 지니고 있다. 그것은 우주의 계획과 현현 안에 존재하는 모든 것에 대한 직관적 앎이다.

이는 인간 마음의 하층이 세상의 모순과 충돌하는 생각들에 휩쓸릴지라도, 그 상층은 결코 영적인 순수함을 잃지 않는다는 사실을 분명히 보여준다. 우리가 기도할 때 이 상층의 마음에서는 개별적인 응답뿐 아니라 영적인 지시와 지혜가 흘러온다. 어떤 이들은 이것을 두고, '영원한 그리스도'라고 말하기도 하며, 또 어떤 이들은 '우리 안에 있는 살아있는 인격적 신'이라 말하기도 한다.

178
인간으로 나타난 신

창조의 시작부터 우주적 신의 이 '개인적인 측면'은 모든 창조물의 개별적인 존재를 통해 점차 모습을 드러내 왔다. 인간 상태에서는 그 활동이 더욱 명확해진다. 그것은 개인적 자아를 초월한 존재이면서도 동시에 자아와 함께 존재한다.

그러므로 이렇게 말할 수 있다. 인간의 모든 온전한 표현은 '인간의 모습을 취한 신'이자 동시에 '인간'이다. 그러나 우리가 신의 전체성과 생명의 일체성을 깨닫게 되는 순간, 인간과 신의 구분은 사라진다. 우리의 현재 의식을 평화와 조화 속에 머물게 할수록, 생명의 상층으로부터 더 밝은 빛과 영감과 지혜를 받아들이게 된다.

179
신의 인도

기억하라. 이 생명의 상층 부분은 지치지 않고 활동을 하며, 휴식을 취하지도 잠에 빠지지도 않는다.

당신이 삶의 압박 속에서 신성한 원천(Divine Source)에 도움을 구할 때, 현재의식에 평화와 위안을 가져다주는 것도 바로 이 상층의 힘이다.

또한, 당신이 마음속으로 '이때 일어나야겠다'고 정하면 정확히 그 순간에 눈을 뜨게 하는 것도 그것이며, 무엇을 갖는 것이 옳은지, 무엇을 하는 것이 올바른지 알려주는 것도 바로 이 상층의 안내다.

180
어린 아이와 같은 태도

예수 그리스도는 이렇게 말씀하셨다.

"진실로 내가 그대에게 말하니, 그대가 어린 아이처럼 되지 않는다면 하늘나라의 왕국에 들어갈 수 없으리라."

당신이 어린 아이처럼 전적으로 신뢰의 마음을 지니면서 본성에 따라 자연스럽게 있는 그대로를 표현하지 않는다면, 생명의 고귀한 시야 속으로 들어가지 못한 채 한계 속에서 고통받게 될 것이다.

어쩌면 평화와 행복에 이르는 자연스러운 길을 잃었을지도 모른다. 어쩌면 세상의 지식이 당신에게서 영혼의 생명력을 빼앗아 갔을지도 모른다. 어쩌면 당신의 영원한 젊음의 원천은 말라버렸을지도 모른다. 심지어 가장 편안해야 할 집과 가족, 그리고 친구들 사이에서도 본성에 맞춰 자연스럽게 행동하는 것을 두려워하고 있을지도 모른다.

만약 그렇다면 당신의 영(Spirit)은 어떤 속박에도 걸림이 없다는 사실을 깊이 마음에 새겨서 그 족쇄를 부숴라. 당신의 영혼은 언제나 자유롭고 온전하다.

181
삶을 영위하라

내일이 오기를 기다리지 말라. 세상에 어떤 해답이 찾아오기를 기다리지 말라. 바로 지금 이 순간부터 생명의 삶을 영위하라. 살아 숨 쉬는 신의 자유로운 생명을 영위하는 데 그 누구에게 허락을 구할 필요가 없다. 그 생명은 누구를 방해하지 않으며, 그 누구와도 관계없이 오직 당신 자신에게만 속한다. 법칙을 믿고서 단순하고 자연스러운 삶을 살도록 노력해야만 한다. 믿음 그 자체를 통해서만 믿는 법을 배운다.

만약 당신이 살아야 하는 방향으로 삶을 영위하지 못한다면 그 어리석음의 대가는 오직 고통뿐이다. 영적인 삶을 산다는 것은 세상이 전통적으로 생각하는 경건한 종교 생활을 의미하지 않는다. 그것은 신이 당신에게 주신 올바름의 깨달음에 따라, 자신과 타인에게 옳은 일을 행하며 조화와 평화 속에서 살아가는 것을 뜻한다.

182
세상의 잘못된 기준

건강과 행복을 원한다면 왕국의 방식대로 세상 만물을 보는 법을 배워야만 한다. 편협한 마음과 독선적인 마음을 버려야 한다. "순수한 자에게는 모든 것이 순수하다"라는 문장을 읽어봤을 것이다. 당신 역시 그렇게 만물 안에서 본래의 순수함을 보아야만 한다. 판단하거나 비난해서도 안 된다. 당신이 하는 판단은 진리가 아니다. 그것은 단지 이 세상의 기준일 뿐이고, 잘못된 것이다.

같은 기준으로 본다면 당신이 따르는 사업 규칙이나 사회적 질서 또한 잘못되었다. 그것들은 인류의 형제애와 사랑, 그리고 정의 위에 세워진 것이 아니기 때문이다. 당신이 이런 기준을 고수하는 한, 왕국의 비전을 보지 못하고 왕국의 목소리를 듣지 못할 것이다. 이런 세상의 기준들은 곧 사라질 것이다. 인류의 의식이 높아질수록, 그것들은 거센 진보의 물결 앞에서 쓸려나갈 것이다.

183
암흑의 시대

당신은 암흑의 시대를 살아오면서 올바름에 대한 잘못된

관념을 덮어쓰게 되었다. 당신의 '옳다'는 개념은 근본적인 생명의 원리인 통합과 사랑에 반하는 것이기에 완전히 잘못된 것이다. 생명을 바라보는 당신의 시야는 한계로 둘러싸여 탐욕과 분노와 질투를 낳았다. 그렇기에 당신이 동료에 대해 판단할 때면 정의의 관점이 아닌, 분노와 질투의 관점에서 하게 된다.

당신은 더 큰 빛과 더 넓은 이해, 더 깊은 정의 속에서 살도록 부름받고 있으면서도, 오래 붙들어온 낡은 질서를 내려놓는 것이 두려워, 기울어가는 옛 전통을 붙들고 있다. 의식이 자연스럽게 성장함에 따라 더 이상 맞지 않는 낡은 의복 같은 그 전통을 계속 고수하려 한다면, 그 시도는 결코 이루어지지 않을 것이다.

184
뉴에이지

거대한 물결이 다가오고 있다. 이 물결은 그 어떤 저항도 허용하지 않으며, 성직자들과 바리새인들의 낡은 교리를 쓸어버릴 것이다. 바로 이때가 주의 날, 백성의 날이고 사람들은 왕국을 위해 일어날 것이다. 왕국은 그들에게 더 큰 자유와, 서로에 대한 더 깊은 존경과 사랑, 그리고 더 넓은 이해를 줄 것이다.

이 진보의 흐름을 가로막는 자들은 그들의 사리사욕을 채우기 위해 인간의 원초적인 본능에 계속 호소한다. 그들은 인종적 우월성과 사회의 규범과 전통이라는 이름을 내걸고 인종차별을 부추기고 있다. 그러나 진보하는 시대의 위대한 영혼들은 그들에게 정면으로 도전하며 인류라는 더 큰 기반 위에서 확고한 입장을 취한다.

이런 무지와 선입견과 편협한 의식에도 불구하고 신의 진리는 계속 뻗어가고 있다. 야만의 잔재들은 점차 사라지고, 특정 계급이 누리던 특권과 권리는 사라지게 될 운명이다. 결국 모든 인류가 지닌 신성의 권리가 점점 더 널리 인정받게 될 것이다.

185
왕국의 방법

당신에게 일어나는 것이 즐거운 일이든 불쾌한 일이든, 그것을 왕국의 방식으로 받아들이는 법을 배워라. 세상에서 일어나는 모든 일은 신의 영광을 위한 것이며, 결국 인간을 신의 위치로 되돌려놓을 것이다. 지금 일어나고 있는 일의 원인이 무엇인지 고민하지 말고 그 결과에 대해서도 판단하지 말

라. 왕국의 길에서 모든 결과들은 단지 단 하나의 목적만을 가진다. 바로 인간을 신의 품으로 이끄는 것이다.

그래서 제자들이 예수 그리스도에게, 장님으로 태어난 사람을 가리키며, "스승이시여, 누가 죄를 저질렀나이까?"라고 물었을 때, 예수 그리스도는 이렇게 말씀하셨다.

"이 자의 잘못도 그 부모의 잘못도 아니다. 오직 그 안에서 신의 일이 일어난 것뿐이다."

지금 자신이 궁핍한 환경에서 태어났든 부유한 환경에서 태어났든, 자신에 대해 판단하지 말라. 단지 당신을 위해 그 일이 일어났다는 것만을 알라. 그리고 그것이 당신에게 신을 향해 가야 한다는 사실을 일깨워 주는 것임을 기억하라. 오직 그 길만이 당신에게 빛과 행복과 기쁨을 가져다줄 것이다.

186
기억하지 못하는 수많은 축복들

당신은 후회할 일보다 감사해야 할 일이 더 많다. 그러나 생명의 무대에서 이미 받은 수많은 축복들은 너무 쉽게 잊어버린다. 오히려 몇 가지의 불쾌한 기억만을 기억한 채, 계속 그것에 골몰하다가 더 크게 키우고 만다.

매일 일어나는 일들을 잘 관찰해본다면, 당신에게 계속해서 쏟아지는 축복과 사랑의 충만함을 발견하게 될 것이다. 어둠을 바라본다면 무슨 이득이 있을까? 아무것도 없다! 단지 빛을 못 볼 뿐이다.

187
그리스도 정신

나사렛 예수의 영혼은 수세기를 거쳐서 당신에게 이렇게 말하고 있다.

"하나님의 왕국과 그분의 의를 먼저 구하라. 그러면 이런 모든 것이 그대에게 더해지리라."

그러나 당신은 이 말을 귀 기울이지 않은 채 여전히 관습의 길을 따라 떠내려가고 있다. 이제 주님의 명령을 따를 때가 되었다. 당신에게 말하고 있는 이는 예수 그리스도이다.

그는 당신이 들었던 것처럼, 유순하고 온화한 모습의 순한 사람만이 아니다. 베드로에게 "사탄아, 저리 물러가라. 너는 나의 걸림돌이다!"라고 꾸짖은 이가 예수 그리스도이며, 사원에 있는 환전상들을 채찍질한 이가 예수 그리스도이며, 율법학자들과 바리새인들을 저주하며 어리석고 지옥에 떨어질 것이라 말했던 이가 예수 그리스도이다. 또 성서를 성취하기 위해 당나귀 등 뒤에 올라타 예루살렘으로 갔던 이가, 예루살

렘 사제의 관습을 대담하게 거부했던 이가 예수 그리스도이다. 그는 교만한 자에게는 단호하고 무자비했으나, 겸손한 자에게는 한없이 부드러웠으며, 가난하고 억눌린 자들을 위해 눈물을 흘리고, 그들의 싸움에서 용감히 맞섰다.

항상 내면의 영감과 인도를 따랐고, 신의 섭리에 따라 결코 패하지 않는 믿음을 지녔으며, 병든 자를 치유하고 죽은 자를 살렸으며, 포도주를 즐기는 사람이자, 세리와 창녀의 친구로 불렸던 이가 바로 예수 그리스도이다.

그는 자신의 비전에 결코 타협하지 않았고, 세상을 사랑하며 그 사랑을 위해 생명을 내어주었다. 그 예수 그리스도가 불멸의 그리스도를 통해 오늘도 당신에게 말한다.

"하나님의 왕국과 그분의 의를 먼저 구하라. 그러면 이 모든 것이 너에게 더해지리라."

평화가 당신과 함께하길

우리의 몸과 마음이 약하다면
근원적 실재에게 구하라.
그러면 그것은 육신과 마음을 강하게 만들 것이다.

친구가 필요하다면 그 실재에게 구하라.
친구들을 우리 곁에 데려올 것이다.

만약 창의적인 일을 하는 데에 방법을 모른다면
원하는 것을 그것에게 알려라.
그러면 그 일을 해낼 수 있는 방법을 얻게 될 것이다.

Today and Tomorrow

1945

반드시 기억할 것들

마음이 무엇을 받아들이고 거부하는지를 항상 관찰하라. 바로 그것이 현재 나의 모습, 또 미래의 나의 모습을 결정한다. 의식적이든 잠재적이든 내가 기대하며 받아들이지 않으면, 바깥세상에는 어떤 상태도 드러나지 않는다.

영원한 시간 속에서 활동하고, 의식을 초월해 있는 내 안의 신, 그 존재가 밤낮으로 나를 더욱 성장시키고 좋은 결과를 향해 이끌고 있다는 것을 마음에 새겨라. 그러면 건강과 행복, 평화를 누리는 데에 어떤 부족함도 없을 것이다. 두려움을 떨쳐버려라. 지금 내가 겪고 있는 모든 문제는 내 안의 신이 해결책을 내놓을 것이기 때문이다. 시선을 들어 올려 그 일을 하는 전능한 신에게 맞춰라.

내 마음과 육체에 생명을 불어넣는 권능인 '나의 생명의 원천'을 외면하면, 변덕스럽고 인간의 상상 속에서만 존재하는 신을 만나게 될 것이다. 그 신은 항상 나를 외면할 것이다. 하지만 시선을 다시 내 생명의 근원에게 향한다면 손발보다도 더 가까이 존재하는 내 안의 신을 만나게 된다.

나의 생명은 의식적인 모습과 의식을 초월한 모습을 함께 지니고 있다. 다시 말해 인간임과 동시에 신성이기도 하다. 오직 믿음을 통해서만 초의식의 신이 내 안에서 직접적으로 활동할 수 있다. 곧 사라져버릴 육체를 나로 여기지 말고 그 육체와 마음에 생명을 주고 있는 불멸의 생명을 나로 여겨라. 그러면 이 세상에서 겪는 위험과 재난에 대한 두려움은 사라질 것이다. 재앙으로 내 육신이 해를 입을지 모른다는 두려움으로부터 벗어나 정신은 크게 고양되어 자유롭게 될 것이다. 몸과 마음 배후에 존재하는 무한한 권능인 '나'는 어떤 부정적인 상황들 속에서도 아무런 해를 입지 않기 때문이다.

원치 않는 일은 마음과 힘을 다해 거부하라. 일어나기를 바라는 일이라면 온 마음과 힘을 다해 받아들여라. 나는 내 안에 거하는 '초의식적인 신'의 의식적인 표현이다. 신이 나를 위해 예비하신 이들과 함께, 생명이 주는 모든 선한 것을 누리는 것이 곧 신의 뜻임을 기억하라.

모든 곳에 충만한 불멸의 긍정적 실재 안에서, 나는 어떤 부정적 상황도 두려움 없이 대하고 빛으로 바꿀 힘이 있다. 부정적 상황들은 일시적이며 실체가 없다. 그것들은 반드시 저 멀리로 사라질 것이다. 잘못된 믿음으로 만들어진 것은 붙잡지만 않으면 스스로 소멸한다. 그러니 부정적인 것을 받아들이지 말고 자신이나 타인에게 유익한 것만을 담대하게 받아들이고 행하라. 신은 신의 방식으로 모든 문제를 해결해 줄 것이다. 두려워 말라.

We Rise Again
다시 깨어나다

오늘이란 시간 속에 살고 있는 우리는 죽어버린 과거를 보기 위해 뒤를 돌아보지 않는다. 어제는 우리의 기억 너머로 영원히 사라졌다. 우리는 오늘의 꿈과 현재 인식하고 있는 것 안에서 살고 있고, 또 내일 찾아올 행복과 긍정적인 기대 속에서 살고 있다.

우리는 단지 습관의 산물일 뿐이다. 마음에 품고 있는 것들, 믿고 있는 것들, 그리고 계속해서 바라보는 것들은 우리 안에서 조금씩 자라기 시작하여 우리의 삶을 좌지우지하는 지배적인 요소가 된다. 그렇기에 건강과 행복과 자애의 마음을 간직하고 있다면 그것들은 결국 가장 친한 친구가 되어 우리와 함께 할 것이다. 반면에 병과 슬픔, 혹은 과거의 투쟁과 분열에 대한 불쾌한 생각들을 간직한다면 그것들 또한 우리의 주인이 될 것이다. 그것들은 아마도 잔혹하고 가혹한 주인일 것이다. 이 모든 생각들은 마음속에 습관의 길을 내고, 그 길을 따라 우리의 행동을 이끈다.

마음이 과거에만 계속 머무르려고 한다면 우리는 앞을 보지 못하고 뒤돌아보게 될 것이고 저 높은 곳까지 뻗어있는 장엄한 길들을 보지 못하게 될 것이다. 우리의 희망과 믿음과 신뢰는 항상 우리보다 앞서 나가며, 무한하게 펼쳐진 세상을 향해 함께 가자고 우리를 향해 영원한 손짓을 하고 있다. 하지만 우리가 지금 있는 곳을 고집하면서 떠나려하지 않는다면 우리의 여정은 점점 더 힘들어진다. 우리가 살고 있는 세상은 영원히 움직이고 있다. 그러므로 우리도 계속 전진해야만 한다. 이 흐름을 거부한다면 정체의 늪에 빠지게 된다.

어떤 사람들은 과거의 족쇄를 깨뜨릴 수 없고, 시도할 힘도 없다고 불평한다. 그러나 그것은 사실이 아니라, 그 자리에 머물기 위한 변명일 뿐이다. 그들은 과거의 관습과 과거의 믿음을 떨쳐버리고 알 수 없는 곳으로 들어가기를 두려워하고 있다. 오른손에는 무지와 미신이란 것을 움켜잡고 왼손에는 정신적 무기력함을 움켜잡고 있다. 스스로 움켜쥔 것들 때문에 앞으로 나아가지 못하면서도, 그는 닥친 부정적인 상황이 변하지 않는다고 불평한다. 그런 과거의 믿음들을 유지하는데 큰 힘을 쓸 필요가 없기에, 애써 그것들을 놓으려는 마음조차 갖지 않는다. 또 어떤 이들은 자신의 정신적 나태함과 무기력함을 옹호하기 위해서 마치 부정적인 상황이 자신을 얽어매는 척하기도 한다.

한 남자의 이야기를 해보겠다. 그는 겉보기에는 멀쩡해 보였지만 의사들조차 원인을 알 수 없는 병으로 고통받고 있었다. 어느 날 저녁, 길을 지나던 한 힌두 수행자가 그의 집에 들렀다. 남자는 힌두 수행자를 보자마자 동정을 얻고자 병색이 짙은 얼굴로 신음하며 아픔을 호소했지만 동정을 얻지 못하자 수행자에게 단도직입적으로 물었다.

"스승이시여, 무엇 때문에 지금 저는 고통을 받고 있습니까? 무엇이 문제인지 제게 말씀해주시겠습니까?"

수행자는 그를 잠깐 쳐다보고는 대답했다.

"그건 게으름 때문이오. 순전히 게으름 때문이오."

남자는 그런 성의 없는 대답에 충격과 분노를 느꼈다. 남자는 자신이 진짜 아프다는 것을 완강하게 주장했다. 수행자는 그의 재잘거림을 들을 만큼 듣고는 아주 혹독하게 비판했다.

"그렇게 잘 먹는 사람에게 무슨 병이 있겠소. 이만 나를 내버려두시지요."

이런 갑작스러운 패배는 그 남자에게 격한 충격을 줬고 그를 완전히 뒤집어놓았다. 그런데 신기하게도, 이때부터 점점 건강해지기 시작했다.

내가 말하고자 하는 것은, 우리의 많은 질병들이 실은 마음의 건강하지 못한 상태에서 기인한, '정신적 나태함'으로부터 발생한다는 것이다. 그러면서도 그 정신적 나태함을 계속 유지하기 위해서 여러 가지 변명거리를 찾곤 한다.

어떤 사람들은 정신적으로 너무 나태해서 건강을 유지하지 못한다. 또 어떤 이들은 병이 들어도, 나아질 의지가 없어 계속 아프다. 심지어 과거의 실수들을 계속 생각하거나 장래에 일어날 재앙들에 대한 두려움 때문에 병을 겪는 사람들도 있다. 만약 이런 정신적 낭비상태에 푹 빠져 있는 것이 쉬운 일이 아니라면 어떻게든 빠져나오려 하겠지만 안타깝게도 이런 과거의 실수나 미래에 대한 두려움에 빠지는 것은 별다른 노력 없이도 할 수 있다는 것이다.

하루는 한 남자가 이렇게 물었다.

"저는 진심으로 주님께 기도했습니다. 그런데 왜 신은 저를 돕지 않나요?"

나는 이렇게 대답했다.

"당신이 만약 주님께 기도를 했다면, 그분이 이렇게 말하는 것을 듣지 못했습니까? '너는 반복되는 습관에 갇혀 정체 상태에 빠졌다. 그랬기에 너는 나를 멈춰버린 신으로 생각한다. 너는 나를 영원히 활동하는 창조의 근원으로 보지 못한다. 너희 인간들이 세상에 창조된 때부터 나는 한시도 멈췄던 적이 없다. 나는 네 믿음과 마음속 형상에 따라, 네 안팎에서 항상 너를 더 나은 곳으로 이끌고 있다. 나를 이렇게 보라. 그러면 결코 버려졌다고 느끼지 않을 것이다. 매 순간, 매 시간, 매일 나는 너의 몸과 마음을 개선하고 있다. 나를 그렇게 받아들여라. 그렇다면 정체라는 환상은 사라질 것이고 너의 몸과 마음을 개선시키고 있는 나의 활동을 느끼게 될 것이다. 이미 죽어버린 과거의 유령은 떠나가게 하라. 나는 오늘과 내일 그리고 영원히 너를 앞으로 나아가게 만들고 있는 활동하는 신이라는 것을 믿어라.'"

우리는 신을 영원한 시간 속에서 활동하는 '역동적인 신'으로 생각하지 않고 항상 수동적이고 비활동적인 모습으로만 바라보면서 마음의 비탄과 낙담, 슬픔과 불행 등을 피할 수 없는 신의 징벌로 믿고 있다. 우리가 그런 부정적 믿음의 사슬에 묶여 있는 한 자유를 찾을 수는 없을 것이다. 역경이 닥치면 걱정과 두려움에 사로잡히지만, 시선을 조금만 바꾸면 자유와 해방은 손에 닿을 만큼 가까이에 있다. 그러나 과거라는 것은 자유에 대한 우리의 주장과 우리의 전진을 막기 위해 우리의 발목을 잡을 것이다. 그런 과거의 덫에 걸린다면, 침체와 죽음을 마치 피할 수 없는 운명처럼 여기게 될 것이다.

어떤 이들은 늘 무언가를 잃는 것에 대한 두려움을 지니고 산다. 그들은 신의 빛나는 현존(God's Illumined Presence) 안에서는 어떤 것도 잃는 것이 없음을 알지 못한다. 이 땅에서 잃은 것들은 신 안에서 다시 찾을 수 있다. 하지만 많은 이들이 만족할 줄 모르는 탐욕과 이기심에 끌려, 정신적 혼돈과 잘못된 생각이라는 사막에서 길을 잃는다.

하지만 조만간 길잡이인 신이 길을 잃은 사람들을 다시 올바른 길 위로 데려올 것이다. 신의 자녀들 모두는 이 광대한 우주 안에서 자신의 집으로 돌아가는 길을 반드시 어딘가에서 발견하게 된다. 오직 하나의 신이 있는 것처럼, 신에게 다가가는 안전한 길도 오직 하나이다. 그것은 자기중심적 자아를 내려놓는 '자아 포기'의 길이며, 근심과 걱정의 짐을 내려놓고 자유롭게 나아가는 길이다.

짐이 너무 무거우면 내려놓지 않는가? 그렇다면 왜 무거운 정신적 짐은 내려놓지 않는가? 어쩌면 그 일을 하는 것이 어렵다고 말할지도 모른다. 그 점은 동의한다. 하지만 당신이 짐을 지지 않으면 누가 대신 지겠냐고 말한다면, 나는 동의하지 않는다. 불멸의 자궁에서 계속 우리를 품어온 그 '무언가'가 우리의 짐을 짊어질 것이다. 우리가 해야 할 것은 단지 그 '무언가'에게 요청하는 것뿐이다. 그리고 그렇게 되었다고 믿어라. 그러면 '그것'은 그 일을 할 것이다.

그 무엇은 마음과 몸에 긴밀히 연결된, 바로 우리의 생명이다. 우리가 그 생명을 인식하고 그것에 의지한다면 우리를 덮고 있는 어둠의 환영은 사라지고, 우리는 생명의 본질을 꽉 움켜잡게 될 것이다.

그때 우리는 하나님의 아들 예수께서 "수고하고 무거운 짐 진 자들아 다 내게로 오라. 내가 너희를 쉬게 하리라… 내 멍에는 쉽고 내 짐은 가볍다"라고 말했던 이유를 깨닫게 된다.

신의 왕국을 물려받기 위해 우리가 선택한 수단과 방법이 무엇이더라도, 그것은 우리의 주인이 된다. 만약 우리가 어떤 음식이나 마실 것, 혹은 영성을 위한 예식에 의존한다면 그것은 조만간 우리의 사고방식을 지배하기 시작하다가 점차 집착이 되어 우리를 무겁게 만드는 짐이 된다. 하지만 우리를 창조한 신을 믿어서 그분이 우리를 우리가 열망하는 저 높은 곳까지 인도하게 한다면 짊어질 짐이란 없을 것이다. 이러한 깨달음이 예수 그리스도를 인류를 신에게로 인도하기 위해 오신 모든 스승과 교사들 가운데 가장 위대한 분으로 만들었다. 그분은 신의 모든 선물을 감사하는 마음으로, 자신의 필요에 맞게 절제하며 사용해야 한다고 가르치셨다.

The Gods of Your Imagination, and The True God
인간이 만들어낸 신들, 그리고 참된 신

"인류는 예로부터 자기 마음속 이미지에 따라 신을 만들어 온 것이 아닌가?" 오래도록 제기되어 온 질문이다. 만약 이것이 사실이라면 우리들이 만든 신이 어떻게 우리를 도울 수 있을까? 또한 다양한 인간들이 자신들이 만든 신을 놓고 계속 싸워왔던 것 역시 사실이 아닐까? 나는 정말 우리가 이렇게 해왔다고 생각한다.

하지만 이것은 부정적인 것만은 아니고 그런 행동으로부터 거대한 어떤 것이 생겼다. 이렇게 신을 만드는 일을 통해서 인류의 의식은 조금씩 보다 더 높은 곳으로 올라섰다. 참된 신은 항상 인류의 믿음을 통해 그분의 일을 해오고 있다.

이 상상의 신 뒤에는 언제나 참된 신이 숨어 있다. 이 참된 신은 개개인의 이해력의 수준에 맞춰 인간의 마음을 통해 자신을 나타내고 있다. 인간의 마음이 보다 순수해질 때, 신의 드러남도 더욱 뚜렷해질 것이다. 인간이 자신의 마음속 형상에 맞춰 어떤 상상속의 신을 만들려는 충동은 항상 참된 신으로부터 주어진다. 그래서 신을 만들려는 충동은 인간의 본능이라 말할 수 있다. 그러나 인간 심리의 특성상, 인간은 신을 스스로 도달하기 어려운 존재로 만들어 왔고, 더 나아가 신에게 인간적인 감정과 욕망, 변덕까지 덧씌워 왔다.

그러한 다양한 개념들 속에서도 내면의 음성은 늘 그에게 말을 걸어, 혼란이라는 황야에서 벗어나도록 인도해 왔다. 그러다가 과학의 시대가 왔다. 인간은 이 내면의 목소리에 반발해서 그것을 정신적 착각이라고 불렀다. 그런데 이성과 과학을 통해 현 인류가 발견한 것은 무엇인가? 신이 없는 우주, 단순히 화학작용으로 이루어진 우주와 생명들과 같은 것뿐이다. 그러나 의식도 생명도 없는 화학 작용에서 어떻게 자아를 인식하고, 사고하며, 분별하는 인간이 나올 수 있을까?

뉴 메시아닉 월드 메시지(New Messianic World Message)는 이런 의문에 답을 주기 위해, 그리고 거부할 수 없는 진리인 '참된 신'을 인류에게 나타내기 위해 창설됐다. 뉴 메시지는 우리 인류에게 묻는다.

"무엇으로 우리는 사유하는가? 사유할 수 있게 하는 권능(Power)이 없는데도 우리가 사유할 수 있는가?"

그렇지 않다. 그렇다면 이렇게 사유할 수 있게 만드는 권능이 바로 모든 것의 토대인 '자존하는 근원적 실재(Fundamental Self-existing Principle)'일 것이다.

이것을 보다 명쾌하고 자세하게 설명해보겠다. 어떤 이성적 논거도 이 '사유의 권능'을 부정할 수 없다. 이 권능을 부정하기 위해서는 또한 부정할 권능이 필요할 것이다. 마찬가지로, 어떤 논쟁도 우리의 '논쟁을 할 수 있는 권능'을 없앨 수 없다. 심지어 어떤 것들의 조합으로 이 권능이 생겨났다고 주장(생각)하는 것은 이 권능이 보다 먼저 존재했다는 것을 인정하는 것이다.

그러므로 인간이 자신을 인간이라고 생각하게 하는 권능이 바로 참된 신이며, 이는 모든 창조와 상상을 초월한 존재이다. 이 근원적 권능은 그 고유한 본래 패턴에 따라 인간의 마음과 몸을 스스로 드러냈을 뿐 아니라, 그것들이 인간이라는 매개로 기능하고 작용하도록 생명을 불어넣었다. 그러므로 인간과 모든 만물의 배후에 있는 이 권능이야말로 '자존하는 근원적 실재'이다.

뉴 메시아닉 월드 메시지는 이제 더 이상 신을 찾아 헤매거나 복잡하고 지루한 수행과 절차를 거칠 필요가 없다고 선언한다. 시선을 마음과 몸 배후에 존재하는 권능에 둔다면 신을 발견할 수 있다. 우리는 대개 이 위대한 권능을 우리의 보잘것없는 개인적 자아로 제한해버리지만, 우리의 자아를 우주적인 것으로 받아들인다면, 자아에 대한 개념은 모든 것을 포함하는 전부가 된다. 이 모든 것을 포함하는 권능이 한 인간으로 표현된 것이 바로 '나'이다. 따라서 우리는 이 권능이 한 인격으로 표현된 것이기 때문에 우리 역시도 이 위대한 권능을 하나의 인격처럼 표현할 수 있는 특권을 가진다. 우리가 위대한 권능을 하나의 인격처럼 대하면서 그것과 대화를 나눈다면 실제로 '모든 것을 포함하는 우리의 자아'와 대화하는 것이다.

만약 우리가 우리의 생명이 모든 것을 아우르는 전부인 것을 깨닫게 된다면 명상을 할 때 인간적인 측면이 사라지기를 기대한다. 개성을 넘어선 '초월적 생명'의 전체성을 깨닫는 일은 분명 위대한 깨달음이지만, 보통 사람의 이해를 넘어선 경지다.

지금 현 상태의 우리는, 궁극적인 실체와 하나 되는 마지막 순간까지는 신경 쓰지 않는다. 우리가 관심 갖는 것은 단지 그 근원적 실재의 도움을 받아 현재 우리의 인간적 상태를 지금 여기에서 자연스럽고 본성에 맞게 표현하는 것뿐이다.

이러한 관점 때문에 예수 그리스도의 가르침이 우리와 더욱 가깝게 느껴진다. 위대한 스승이셨던 예수님께서는 모든 추상적 철학을 내려놓고, 인간 존재 속에서 신성을 표현하는 것을 강조하셨다. 우리 또한 같은 길을 걷고자 한다.

우리는 근본적인 우주의 권능이 인간을 단지 의식적 정체성을 잃게 하려는 목적으로 인간으로 나타낸 것이 아니라고 주장한다. 우리의 인간적 존재는 분명한 목적을 지니고 있으며, 그 목적은 창조 원리(Creative Principle)의 내재된 패턴 속에 이미 존재해 왔다. 그리고 그 목적은 우리 인간의 오늘의 삶, 내일의 희망과 포부와 깊게 연관되어 있다.

그러니 인간 존재에서 벗어나려 조급해하거나, 의식의 거대한 바다 속에서 정체성을 잃기 위해 서두를 필요가 없다. 우리는 자발적으로 이곳에 온 것이 아니기 때문에 우리가 비록 그 합일을 바랄지라도 서둘러 이룰 수는 없다. 인간 존재를 만들거나 없앨 수 있는 통제권은 우리에게 없다.

그러므로 개성을 초월하려는 마음만을 최우선이라 여기며 스스로를 정체 상태에 빠뜨리지 말라. 우리가 거부하는 것은 그것도 우리를 거부한다. 자아를 버리고자, 심지어 자아를 죽이려는 욕망은 책임을 피하려는 비겁함에 지나지 않는다.

우리는 인간 존재를 벗어날 수도, 부정할 수도 없다. 우리가 사색과 명상을 통해 그려온 '의식의 거대한 대양(The Mighty Ocean of Consciousness)'은 사실 우리를 둘러싼 모든 것이며, 동시에 인간으로서 활동하게 하고 생명을 불어넣는 힘(Animating Power)이다.

이런 관점에서 본다면 우리는 창조된 모든 것과 연관되어 있다. 세상에 모습을 드러낸 모든 것은 생명을 지니고 있으며, 저마다 일정한 수준의 의식을 갖고 있다. 우리가 모든 존재와 조화를 이루어 살수록, 우리는 그 근원적 의식의 뜻을 더 온전히 이룰 수 있다.

 예수 그리스도는 "아버지께서 일하시니 나도 일한다... 나는 스스로 아무것도 할 수 없다"라고 말씀하셨다. 그렇다면 우리에게 주어진 일들을 하는 데에 아버지가 우리를 돕게 하는 것이 어떤가?

 뉴 메시아닉 메시지는 새로운 종교나 새로운 진리를 주장하지 않는다. 모든 나라와 민족이 받아들일 수 있는 '참된 신'을 새롭게 드러내는 것이다. 그 누구도 생명, 곧 생명을 주는 권능 없이는 존재할 수 없다. 그러므로 우리 모두 이 공통의 토대 위에 서야 한다.

 이 신은 인간이 만든 것이 아니라, 모든 추측과 상상을 초월한, 우리 안에 스스로 존재하는 근원(Self-existing Principle)이다. 이 깨달음은 우리가 신께 다가가는 길을 더욱 쉽고 단순하게 만든다. 우리가 우리의 생명을 우주적 관점에서 보는 순간, '자존하는 실재'를 만날 수 있다. 그것이 바로 신이다.

 우리는 태양을 가장 밝은 것이라 생각하지만 태양을 빛나게 하는 것은 또한 그 배후에 권능이 있기 때문이다. 그렇기에 그 권능은 태양보다도 더 밝은 가장 거대한 빛이라고도 할 수 있다. 그 권능이 우리 안에서 살아 있고, 움직이며, 인식하기에, 우리가 살아 있고, 움직이며, 인식할 수 있는 것이다.

우리를 인간으로 나타나게 한 그 '근원적 실재'가 우리보다 더 작아질 수는 없고, 우리가 그 근본의 원천과 동일한 종류와 성질을 갖고 있음을 우리는 깨닫는다. 신이 우리 안에서 움직이기 때문에 우리가 움직일 수 있고 신이 우리 안에서 살아있기 때문에 우리가 살아있을 수 있다는 것을 깨닫는다면 모든 이해를 초월한 최상의 안식과 평화를 얻게 될 것이다. 그때 우리는 더 이상 인간의 상상력이 만들어낸 신을 숭배하지 않고 그런 상상의 힘을 준 '권능'을 직접적으로 숭배하게 된다.

우리의 마음에 사유의 힘을 불어넣는 그 권능은, 우리가 받아들일 준비가 되어 있을 때 위대하고 건설적인 생각들을 우리 안에 심어준다. 그렇지 않았다면 어떻게 우둔한 마음을 지닌 우리가 지금 이곳까지 발전할 수 있었겠는가? 그렇지 않았다면 어디에서도 본 적 없던 새로운 아이디어를 어떻게 떠올릴 수 있었겠는가?

위대한 생각, 건설적인 영감은 마음 배후의 권능인 '영원히 활동하는 신'으로부터 주어진다. 그 근원적인 실재 안에는 모든 존재와 모든 것이 영원한 시간 속에 존재한다. 그러나 우리의 마음은 시간의식에 묶여 있기에, 어떤 생각이나 사물이 우리 손에 들어오면 그것을 새롭게 생겨난 것이라 여긴다.

마음과 육신 이면에 존재하는 권능에 보다 더 의지할수록, 더 많은 우주적 생각들이 마음을 관통해 흘러들어온다. 한계에 싸인 인간의 마음으로 무언가 새로운 것을 만들거나 발견하려 애쓰다 보면, 넘기 어려운 장벽 앞에서 번번이 막히게 된다. 그러다 마음이 완전히 지쳐 시도조차 포기했을 때 갑작스럽게 새로운 영감이 찾아온 경험이 있을 것이다. 분명 있을 것이다. 이 새로운 영감이 주어지는 곳은 바로 마음 배후의 권능이다. 의식적인 의지로 저항하는 것이 적을수록, 우주적인 것들을 받아들일 수 있는 우리의 정신적 수용력은 더욱 커진다.

새롭고 위대한 것을 창조하고자 한다면 억지로 마음을 쥐어짜지 말라. 마음을 편안히 하고 올바른 길 위에 있음을 믿으라. 그러면 언젠가 준비되었을 때 찾고자 하는 것들이 스스로 찾아올 것이다. 그것은 직접적으로 또는 다양한 매개체를 통해 올 수 있다. 아이의 무심한 한마디, 친구와의 대화, 책속의 문장 한 줄이 문득 영감이 되어 스칠 수 있다. 새와 꽃,

일출과 일몰, 봄날의 부드러운 바람, 폭풍우에 휩쓸린 하늘, 천둥소리와 눈 내리는 밤, 혹은 쉼 없이 흐르는 시냇물 속에서도 신이 전하는 영감 어린 메시지를 들을 수 있다.

그러니 스스로 무언가를 해내고 얻기 위해 미친 듯이 자신을 몰아세우지 말라. 힘겹게 애써 얻은 것은 정작 너무 지쳐 버려, 얻고 난 후에도 누리지 못할 수 있다. 신의 선하고 행복한 것들 모두를 얻는 가장 쉬운 방법은 내 안에 거하는 신이 그것들을 우리에게 가져오게끔 하는 것이다. 우리가 믿고 상상하는 것은 점차 우리에게 다가오며, 영감 또한 함께 찾아올 것이다.

마음을 혼란하게 하는 일들을 피하라. 마음이 평화롭다면, 그리고 생명을 주는 권능인 신과 조화를 이룬다면 가장 창조적인 일을 하게 될 것이다. 지금 하고자 하는 일이 얼마나 오랜 시간이 걸리는 일일지라도, 신으로부터 도움을 받는다고 생각한다면 결코 지치지 않을 것이다.

창조의 본래 계획 안에는, 신성이 인간의 모습으로 나타날 때에도 옳고 그름을 선택할 수 있는 특권이 포함되어 있다. 만약 창조의 계획 안에 인간의 선택권이 주어지지 않았다면 우리는 선택하지 못했을 것이다. '근원적 실재'는 인간의 선택의 자유를 방해할 수 없고, 다만 잘못된 길에서 벗어나도록 반작용을 통해 올바른 길을 보여줄 뿐이다.

[참조] 어떤 욕망이나 어떤 무언가가 우리를 지배할 수 있다는 것에 동의할 것이다. 그렇다면 현재의식을 초월한 근원인, 우리 안의 '신'이 우리를 지배하게끔 만드는 것은 어떤가? 만약 그렇게 해서 자신을 신의 매개체로 인식한다면 현재의식을 초월한 아버지가 올바른 길로 인도할 것이다. 그뿐 아니라 인간으로서 성취할 수 있는 일들보다 더 위대한 것들을 인간적 고민이나 노력 없이도 이룰 수 있을 것이다.
신이 나를 인도하고 있는지를 알고 싶다면 내면에 평화가 찾아왔는지를 살펴보라. 어떤 곤란한 상황이 우리를 조여 오더라도 걱정하지 말라. 신이 인도하고 있다는 사실을 언제나 기억하라. 내면에 평화를 유지하고 고요히 내딛을 다음 발자국을 찾아 나아가라.

I and Mind

나 그리고 마음

 마음은 우리가 사용할 수 있는 가장 중요한 도구이다. 마음이 없다면 내가 인간인지조차 알지 못할 것이다. 그리고 마음이 없다면 어떤 것도 인식하지 못할 것이다. 무언가를 하면서 즐겁게 누릴 수 있는 것도, 고통을 받는 것도 마음의 작용이다. 우리는 또한 마음을 통해 하나의 이상을 품고, 그것을 실현할 수 있다. 좋은 것과 나쁜 것에 대한 모든 생각은, 마음이 그것을 받아들일 때만 나에게 현실이 된다.

 마음을 통해 우리는 원하지 않는 것은 거부하고 원하는 것은 받아들일 수 있는 특권을 가진다. 의식이 없다면 손 안에 있는 것조차 알아채지 못할 것이다. 그러나 마음 배후에 '생명을 주는 권능'이 없다면 마음은 아무런 기능도 하지 못한다. 이 권능이 나의 생각과 감정을 다스린다고 믿을 때, 마음은 그 명령을 자연스럽게 따른다. 이것이 마음을 다스리는 가장 완전한 방법이다.

 이른 새벽, 잠에서 깼을 때 마음을 살펴보면서 내가 받아들이고자 하는 것이 무엇인지 결정하라. 그리고 생명을 불어넣는 권능(Animation Power)이 마음에게 소망하는 것을 받아들이라고 명령하라. 가장 좋은 방법은 마음을 신의 빛으로 가득 채우고, 이 빛의 현존이 당신의 소망에 맞추어 마음을 통제하도록 요청하는 것이다.

만약 신이 나의 고통과 아픔을 덜어주기를 원한다면, 신에게 그것을 해달라고 요청하라. 그러면 내 안의 신은 그 일을 할 것이다. 다만, 현실적이고 생생한 마음의 이미지를 통해서만 '신'이 일 할 수 있다는 것을 기억하라. 그 이미지를 뚜렷하게 그렸다면, 이후에는 마음을 이완시키거나 다른 일에 집중하라.

근심과 걱정은 신의 일을 방해한다. 그러므로 아예 마음에서 소망들에 대해 관심을 기울이지 않고, 그 일이 잘 진행되고 있음을 인식하면서 완전히 그 일을 잊어라.

만약 깨어 있는 동안 신의 도움을 받기를 원한다면, 새벽이 밝아올 때 이렇게 신이 말하는 장면을 상상하라.

"나는 그대를 도울 것이다. 나를 믿고 마음을 편히 하라."

이 진리를 생생하게 인식하고 느낀다면 정말 그렇게 될 것이다. 만약 일상생활을 하면서도 신이 나를 돕는다고 인식한다면 놀랄만한 결과를 얻게 될 것이다.

자애롭고 행복하고 사랑으로 가득한 존재가 되기를 원하는가? 그렇다면 신에게 그 속성들로 마음을 채워 달라고 요청하라. 그리고 마음속에서 신이 우리의 소망을 이루는 것을 현실처럼 보고 생생하게 느껴라. 지금 받고 있다고 믿고 마음속에서 그 모습을 본다면, 장차 그것을 실제로 받게 될 것이다. 우리가 인식하는 모든 긍정적인 속성은 신의 신성한 본성이다. 우리는 마음과 몸 안에 있는 신의 빛나는 현존으로부터 그 속성들을 정신적으로 흡수함으로써, 그것들이 우리 안에 충만해짐을 느낄 수 있다. 모든 긍정적인 속성은 영적인 근원 질료이기 때문에 치유의 힘을 행사할 수 있다.

[참조] 명상의 핵심

명상에 들어가기 전이나 깨어나자마자 마음과 대화를 나누어 무엇을 받아들이고 무엇을 거부할지를 정하라. 같은 방법으로 몸의 세포들과 신체기관들의 잠재마음(sub-mind)들과 대화를 나눠서 마음이 우리의 뜻과 일치되게끔 만들라. 마음이 받아들인 것은 우리의 현실과 경험이 된다. 그래서 이렇게 마음을 준비하는 것은 명상을 하기 위해서는 꼭 필요한 과정이다.

명상에 들어가면, 마음과 몸 안에 깃든 '빛나고 생명을 지닌 초의식적 현존'이 사방으로 빛을 방사하고 있는 모습을 그려 보라. 그리고 그 현존에게 당신이 바라는 것, 혹은 하지 않기를 원하는 것을 이야기하라. 이렇게 하면 신이 살아 있는 실체로 느껴질 것이다. 그러므로 명상할 때는 반드시 이러한 영적 대화를 함께하길 권한다.

우리는 자의식을 가진 정신적 존재로서 이 세상에 살고 있다. 이른바 '물질적 삶'도 그 작용과 반작용에 있어 본질적으로 정신적이다. 그러므로 정신적 인식이 없다면 육체적 행동은 우리에게 아무런 의미도 줄 수 없다.

상위 학생들을 위한 초월 명상 :

마음과 육신 배후에서 생명을 주는 권능이 없다면 육신과 마음은 더 이상 활동하지 못한다. 그러므로 자신을 그 권능, 즉 우리 안에 빛으로 존재하는 현존이라고 여겨라. 그러면 몸과 마음의 모든 행동과 반응을 다스리게 될 것이다.

이 권능은 신성한 속성과 인간적인 모습을 동시에 지니며, 본질적으로 영원히 자유롭다. 그렇기에 우리도 영원히 자유롭다. 지구가 어떤 모습이든 태양이 영향을 받지 않는 것처럼, 마음과 육신이 어떤 상태에 있든 그것들의 배후가 되는 권능 역시도 아무런 영향을 받지 않는다.

세상 사람들이 믿는 것처럼 자신을 단지 몸과 마음이라 믿는다면 몸과 마음에 생기는 부정적인 상황들을 자신의 것으로 받아들이게 된다. 실제로 인류는 이런 잘못된 믿음을 근거로 생각하고 행동함으로써 부정적인 상황들을 창조해왔다.

마음은 우리가 아니라, 단지 우리가 이 세상에서 쓰는 도구에 불과하다. 만약 자신을 몸과 마음 배후의 '생명을 불어넣는 권능'으로 여긴다면, 어떤 부정적인 생각들도, 심지어 소위 흑마술이라고 일컬어지는 것일지라도 영향을 주지 못할 것이다. 우리의 '초의식의 권능'이 몸과 마음의 부정적인 상태를 치료해서 재조정하게끔 하려고 할 때에도, 이 명상법은 유용하다.

궁극의 명상 :

세상 모든 것이 '초의식의 빛의 존재'임을 보고 깨달으라. 그리고 그것은 우리에게 이렇게 말하고 있다.

"나는 궁극이고 모든 것이다. 그래서 세상 모든 것은 내가 <u>스스로</u> 모습을 드러낸 것이다."

이 명상은 세속의 삶을 떠난 사람이나 삶의 모든 것을 '근원의 우주의 영'에게 돌려서 자유를 느끼고 싶은 사람에게 유익할 것이다. 이 명상을 통해 거대한 힘을 얻게 될 것이고 그것은 담대함과 자유를 안겨줄 것이다. 이 명상을 할 때 우주의 영에게 말한다.

"내 존재 전부와 내가 가진 모든 것은 주님의 것입니다."

잠자리에 들기 전, 당신이 잠든 동안 신께서 해 주기를 바라는 일을 마음속으로 정하라. 어쩌면 아픈 부위나 병든 곳이 회복되기를 바랄지도 모른다. 그렇다면 신에게 요청하라.

신이 낡은 세포를 새 세포로 만드는 것을 믿고 상상하라. 마음이 부정적이고 활력이 없다면 신이 다음의 말을 당신에게 반복해서 말하게끔 하라.

"나는 그대에게 생기를 불어넣고 있다. 그대는 나의 빛나는 존재의 광휘를 흡수함으로써 생기를 얻게 될 것이다."

그리고 그 말이 실제로 마음에 힘을 불어넣는 것을 느껴라. 만약 우리가 어떤 것을 '느낀다'면 그것은 하나의 실체가 된다. 우리의 모든 감정적 활동은 느낌에 의해 좌우되므로, 원하는 감정을 반드시 소리 내어 선언하라.

이미 말했듯이, 하나의 긍정적인 속성을 품으면 그것은 자라게 되고, 부정적인 상황 역시 마찬가지이다. 그러니 부정적인 것을 생각할 구실조차 만들어서는 안 된다. 만약 그렇게 한다면 불행은 그만큼 길어질 것이다. 반대로, 마음과 몸속에서 긍정적인 속성이 커져가는 모습을 상상한다면, 그것은 반드시 자라날 것이다.

만약 믿음이 없다면 신이 믿음을 주는 것을 마음속으로 보라. 이것은 누구도 대신할 수 없는 자신만의 과업이다. 상상하고, 믿고, 확언한다면 머지않아 그 믿음과 선언은 현실이 될 것이다.

그 과정에서 예상치 못한 일이 생기더라도, 그것은 예정된 목적지를 향해 나아가는 여정의 일부이며, 내재한 신이 해방의 길로 인도하고 있음을 기억하라. 세상에 우연으로 일어나는 일은 없다. 신은 언제나 '원인과 결과의 법칙'을 통해 우리의 구원을 이루신다. 당신이 영원한 생명에 자신을 온전히 맡기는 순간, 걱정과 두려움의 속박으로부터 즉시 자유로워질 것이다.

명심하라. 어떤 부정적인 상황도 신보다 클 수 없다. 우리가 어떤 상황을 마음으로 인식한다 해도, 그 마음에 생명을 불어넣고 유지하는 힘보다 큰 것은 없다. 만약 부정적인 상황과 긍정적인 결심 사이에서 충돌이 일어난다면, 신 곁에 굳게 서서 온 영혼의 힘을 다해 그 부정적인 상황을 몰아내 달라고 요청하라. 그리고 그 부정적인 상황이 신의 빛나는 존재 앞에서 사라져 마음을 떠나는 모습을 그려보라.

기억하라. 부정적인 상황이 가진 암시의 효과는 우리의 믿음에 강력한 힘을 행사한다. 그렇기에 부정적인 상황이나 병을 치유될 수 없는 실체로 여기면서 마음에 단단히 자리 잡게끔 해서는 안 된다. 세상은 끊임없이 변화하고 발전한다. 오늘 현명하다고 여기는 결론조차도, 내일이면 수많은 미신적 믿음처럼 버려질 수 있다.

The Mysteries of the Dead Past and The Living Present
죽은 과거와 살아있는 현재의 신비

모든 신비는 매혹적이다. 인간은 나방이 불을 향해 돌진하듯이 신비 속으로 달려든다. 그러나 모든 신비가 위험한 것은 아니다. 예를 들어 신에 대한 신비를 탐구하는 것이 그렇다. 신을 알게 된다면, 그 신비들은 당신이 찾지 않아도 저절로 드러난다. 오히려 위험한 신비란 우리를 과거의 어두운 구석으로 유인하는 것들이다.

과거라는 힘에 사로잡힌다면 앞으로 나아가게 하는 현재의 기회들을 잃고 만다. 텅텅 비어있는 과거의 무덤 속에서 우리가 찾아낼 수 있는 것은 죽은 과거의 해골뿐이고, 그 해골과 함께 죽음의 왈츠만을 추게 될 것이다.

삶을 살면서 어떤 것을 불가피한 것으로 여긴다면, 정말 불가피한 것이 되고 만다. 만약 과거에 저질렀던 행동이 마음에서 떠나지 않고 어느 때고 불쑥불쑥 떠올라 우리를 덮칠 것처럼 느껴진다면, 실제로 그 일을 다시 겪게 될 것이다.

지금 내가 말하고자 하는 것은 인과법칙을 부정하려는 것이 아니라 인과법칙의 목적을 설명하는 것이다. 인과법치의 목적은 우리를 신의 아들과 딸이라는 본래의 올바른 지위로 회복시키는 것이다. 그렇기 때문에 우리가 '영원히 현존하는 신'을 받아들여 완벽히 바뀐다면 과거의 어떤 부정적인 일도 다시는 우리에게 영향을 주지 못할 것이다. 그래서 사도 바울은 이렇게 말했다.

"그러므로 이제 예수 그리스도 안에 있는 자들에게는 결코 정죄함이 없다. 그들은 육신을 따르지 않고 영을 따르는 자들이다. 예수 그리스도 안에 있는 살아 있는 성령의 법이 죄와 죽음의 법에서 나를 해방시켰다."

하지만 우리가 계속해서 과거에 머문다면 결코 자유롭게 되지 못할 것이다. 영원히 자유로울 수 있는 유일한 방법은 내면에 거하는 '영원히 활동하는 근원'에게 자신을 온전히 맡기는 것이다. 그러나 우리의 약함을 정당화하기 위해서, 즉 비참한 상황들을 정당화하기 위해서 부정적인 철학을 고수한다면 우주의 회복의 법칙(Universal Law of adjustment)이 의도하는 목적과 어긋난다.

과거의 풀지 못한 의문들에 지나치게 집착하는 병적인 호기심은 우리의 운명을 앞으로 나아가지 못하게 한다는 것을 기억하라. 과거에 집착한다면 아주 오래전 선조들이 만들어 놨던 악몽의 미궁 속에 갇히고 만다. 흑마술이나 부두신앙은

연구할 가치가 없다. 어둠이 빛 앞에서 자취를 감추는 것처럼 진리가 밝혀질 때 무지 역시 사라질 것이다. 그 진리란 바로 신이다.

우리가 믿고 상상하는 것은 현실이 된다. 지금 바라보는 것이 신의 즐겁고 유익한 것인가, 아니면 세상의 부정적인 상황들인가? 우리가 지금 믿고자 하는 것, 그리고 행하고자 하는 것은 지금 우리에게 주어진 사명이다. 그 누구도 우리를 막으려고 하지 않는다.

가끔 거울 앞에 서서 그곳에 비춰진 자신의 모습을 볼 때가 있을 것이다. 그것처럼 마음에도 우리의 비춰진 모습이 있다. 이렇게 마음에 비친 모습을 바꿀 특권 또한 자신에게 있다. 만약 그 모습을 바꿔야 하는 방법을 알지 못한다면 내면에 거하는 신에게 자신의 모습을 바꿔 주기를 요청하라. 우리가 해야 할 유일한 일은 원하는 모습으로 변화된 자신의 모습을 상상하고 믿는 것이다. 그렇게 한다면 얼마 지나지 않아 직접 두 눈으로 그 변화를 보게 될 것이다.

이제 남은 일은 그 변화를 일으킬 수 있는 신의 전능함을 믿는 것뿐이다. 그 믿음이 얼마나 견고한지에 따라 결과의 성패는 달렸다. 믿음을 달라고 신에게 기도하라. 그리고 우리가 느끼는 것은 현실이 된다는 것을 기억하라. 그렇게 신에게 자신을 변화시켜 달라고 적극적으로 요청하고, 그 변화가 '영원히 활동하는 신의 현존' 안에서 일어나는 것을 마음속으로 보아라.

신이 하는 일을 수동적으로 받아들이지 말라. '몸과 마음 배후에서 생명을 불어넣는 권능'인 신이 우레와 같은 음성으로 다음과 같이 자신에게 말하는 것을 현실처럼 상상하라.

"나는 그대를 변화시키고 있고 그대를 치유하고 있다. 지금 그것을 보아라." 그러면 우리 역시 격렬한 어조로 대답한다. "그렇습니다, 주여! 제 마음에는 당신께서 저를 변화시키고 있는 것이 보입니다." 필요하다면, 그 변화가 일어나는 것을 느끼기 시작할 때까지 실제로 소리를 내어도 좋다. 이것은 수동적인 마음을 가진 사람들이 하면 좋을 것이다.

빠른 결과를 원한다면 신과 협력하는 법을 배워야 한다. 즉, 신이 부정적인 상황들을 사라지게 하는 것을 명령한다고 상상할 때 우리 역시 그 부정적인 상황이 사라지라고 명령한다. 마찬가지로 긍정적인 상황이 다가오는 것을 명령할 때도, 위와 같이 신과 함께 명령한다면 그것은 더욱 빠르게 다가올 것이다. 하지만 중요한 것은 우리가 어떤 상황이 떠나거나 오기를 명령할 때 현실처럼 상상해야 한다는 것이다. 그런 생생한 상상은 우리의 마음에 생기를 부여할 것이다.

Phenomena and Training of Mind
마음에 일어나는 변화와 마음의 훈련

 우리는 타인의 행실과 생각을 보고 그 사람을 판단한다. 그런데 우리는 대개 한 사람의 생각이 아닌 행동만을 보고 판단하기 때문에 그 판단은 틀릴 가능성이 많다. 어떤 사람은 자신의 솔직한 느낌을 감추기 위해서 자연스럽게 느끼고 있는 것과는 반대되는 기만적인 행동을 할 때가 있다. 이런 내면과 외면의 모순은 그 사람을 불운하게 만든다. 또한 어린 시절 경험한 좌절, 낙담, 자학 같은 것도 그 사람의 본성의 균형을 완전히 흐트러지게 한다. 지금 말하는 불균형은 어떤 육체적 상처나 병리적인 원인에서 오는 것이 아니라, 순전히 심리적인 불균형을 뜻한다.

 관찰과 연구를 통해 알게 된 것은, 본질적으로 완전히 나쁜 인간이란 없다는 사실이다. 인간의 내면 깊은 본성은 언제나 선함으로 가득하며, 악함이란 단지 그 겉을 덮고 있는 얇은 껍질일 뿐이다. 그렇기에 한 사람의 악을 교정하려 애쓰기보다는, 그 사람 내면에 잠들어 있는 선을 다시 일깨우는 편이 훨씬 쉽다.

행동 패턴은 유전되는 것이 아니라 후천적으로 형성된다. 하나의 인상은 잠재의식적인 습관이 되기 전에 먼저 우리의 현재의식에 영향을 미친다. 이를테면 기억력 결핍을 예로 들어보자. 그것은 단순히 한 사람이 '나는 잘 기억하지 못한다'는 인상을 현재의식에서 받아들인 결과이다. 처음에는 현재의식으로 받아들인 하나의 인상이었지만 차츰 시간과 생각이 쌓이면서 잠재의식적인 믿음이 되어버린다.

이 믿음은 정신적인 방법을 통해 쉽게 치유될 수 있다. 우선 마음을 하나의 인격체처럼 대하라. 다시 말해서, 마음이 하나의 인격적 존재인 것처럼 여기고, 그와 대화하며 설득하는 것이다. "네가 기억하기로 한 것은 무엇이든 다 기억할 수 있어." 하고 말하라. 잊으려 했던 습관 때문에 기억력 결핍이 생겼던 것처럼, 기억하려는 습관을 통해 놀라운 기억력을 계발할 수도 있다. 그리고 마음이 스스로 이렇게 말하게 하라. "나는 좋은 기억력을 갖게 될 것이다."

그와 동시에 내 안에 영원히 활동하는 실재, 곧 신이 나의 마음을 돕고 있다는 것을 생생하게 상상하라. 그렇게 할 때, 마음은 점차 새로워지고 훈련되어 본래의 힘을 발휘하게 될 것이다.

마음을 하나의 의식을 가진 독립체처럼 대한다면 예전에

사용하던 확언보다 더욱 효과적일 것이다. 과거의 형이상학자들은 나와 마음을 하나로 생각함으로써 확언이란 것을 더욱 힘들게 만들었다. 좋은 기억력을 계발하는 것을 예로 들어보자. 그들은 "나는 기억력이 좋다" 또는 "나는 영이다" 또는 "나는 신의 완전한 자녀이기에 기억력이 나쁠 수 없다"라고 확언했을 것이다. 그러나 그렇게 하면서 자신들의 정신적 결함이나 부정적인 믿음마저도 무의식적으로 '영원히 자유로운 영'이나 '신의 완전한 자녀'라는 개념에 덮어씌워 버렸다. 그들은 우리의 정신적 행동 대부분이 후천적인 습관일 뿐, 근본적 존재와는 무관하다는 사실을 간과했던 것이다.

현재의식을 인격화된 친구처럼 대한다면 훨씬 많은 일을 할 수 있다. 때때로 잠재의식이 반항할 수 있지만, 그것조차 초의식에 복종하게 함으로써 제어할 수 있다. 즉, 당신의 마음과 몸 속에 있는 빛나고 생명을 주는 현존에게 잠재의식을 복종시키도록 요청하면 된다.

구체적으로 예를 들어 살펴보자. 다른 사람에 대해 적의를 갖지 않겠다는 다짐을 했다고 가정해보자. 그러면 잠시 동안은 모든 것이 고요하고 평화롭게 보일지도 모른다. 하지만 이내 누군가의 행동을 보고 잠들었던 분노가 갑자기 폭발할 수 있다. 잠들어 있던 분노의 피가 복수를 외친다면 현재의식마저도 이런 잠재의식의 폭발을 막을 수는 없다. 그때 이성은 아무런 소용이 없다. 훈련받지 못한 잠재의식이 일으킨 거대한 지진이 현재의식을 휘청거리게 하고, 의식 전체가 흔들려 버린다.

이런 예기치 못한 소동을 막으려면 잠재의식을 길들이는 수밖에 없다. 이른 새벽 혹은 깨어나자마자 우리의 초의식을 통해 잠재의식을 훈련시켜야만 한다. 그렇게 한다면 차츰 초의식은 잠재의식에 대한 완벽한 통제력을 얻게 될 것이다. 만약 당신의 의식이 무력하게 느껴지고 잠재의식의 끊임없는 공격에 좌지우지된다면, 초의식의 힘을 불러내어 그것을 처리하게 해야 한다. 이때 당신은 의식에게 이렇게 말해야 한다,

"나의 마음아, 너는 초의식의 힘 없이는 활동할 수 없다. 그 명령을 따르라."

그러면 즉시 마음에 평온이 찾아올 것이다.

[참조] 진리를 배우는 학생들은 자신을 몸과 마음과는 별개의 존재, 즉 '자유로운 영'으로 여기라. 그렇게 한다면 많은 유익한 결과들을 얻게 될 것이다.

고통과 아픔은 몸의 세포 잠재의식이 일으키는 작용일 뿐이다. 세포 잠재의식(cell-subconscious)을 초의식의 빛나는 현존에게 맡기기 전에 마음을 인격처럼 대하며 그것과 편안한 담소를 나누면서 협력할 것을 부탁하라. 그런 후 마음이 "나는 협력하겠다"라고 말하게 하라.

우리가 현재의식을 보다 실감나게 별개의 존재처럼 인식한다면 많은 표면적인 문제들을 다룰 때에 현재의식의 도움을 더욱 효과적으로 받게 될 것이다. 예를 들어, 누군가가 '뉴 메시아닉 메시지'를 신뢰하지 않으면서도 그 발견들을 제 것인 양 사용하고 말하는 것을 보고 불쾌함을 느낀다고 하자. 그럴 때는 현재의식에게 "걱정하지 말라"고 말하라. 초의식이 모든 상황을 조정할 것이다. 그러면 곧 마음에 평온이 찾아올 것이다. 마음의 혼란은 근원 존재에 속한 것이 아니라 단순한 부정적 상태에 불과하다.

그리고 만약 어떤 사람이 거리낌 없이 우리의 유익한 생각들이나 실용적인 아이디어들을 마음대로 착복한다 해서, 그게 어쨌다는 건가? 첫째, 이것은 진리의 영역에서는 용인된 관습이다. 둘째, 모든 사람은 나름의 명예와 명성을 지키며 살아야만 한다. 비록 다른 사람의 것을 자기 것처럼 취하고 있지만 그 사람이 유익한 일을 하며 살고 있다면, 그것은 주님에게 감사할 일이다. 그렇게 한다면 더 많은 것들을 받게 될 것이다.

우리의 마음을 열면 열수록 그리고 더욱 더 비이기적인 마음을 가지면 가질수록 신의 영감은 더욱 풍성하게 흘러들어오게 되고, 우리는 더 많은 신의 풍요를 누리게 된다는 것을 알지 못하는가? 불평하지도 시기하지도 말라. 오직 주의 포도밭에서 일할 수 있는 축복된 특권에 감사하라. 그리고 모든 사람이 그들 자신의 충분한 몫을 받게끔 하라.

이 말을 하는 이유는 열성적인 몇몇 학생이 그런 의문을 가질 수 있기 때문이다. 그러므로 과거는 깨끗이 잊어버리고, 신의 빛나는 현존 안에서 앞을 바라보라. 그리스도께서 말씀하셨다.

"너희 마음에 근심하지도 말고 두려워하지도 말라."

만약 현재의식이 잠재의식의 암시에 따라 '나는 자의식이 강하다', '나는 약하다', '나는 자유롭게 자신을 표현할 수 없다'고 말한다면, 마음과의 편안한 대화를 통해 이러한 결점을 쉽게 치유할 수 있다. 마음과 담소를 나누며 이렇게 말하라.

"너 배후에서 생명을 불어넣는 권능인 신에게는 어떤 결점도 없다. 그렇기에 신은 네가 그 반대의 것을 받아들이기를 원하신다."

마음이 이 말에 수긍하게 만들라. 그리고 마음이 신으로부터 올바른 속성을 받는 것을 생생하게 상상하라. 며칠 동안 이를 지속하면, 잠재의식은 현재의식이 진실로 믿는 것을 따르며 마음은 새로워질 것이다.

[참조] 어떤 상황에 처하든 내면의 빛나는 현존이 당신의 마음을 강하게 하도록 하라. 일상생활을 하기 전이나 아니면 활동하는 동안에 '마음 배후의 생명을 불어넣는 권능'인 '초의식의 신'이 항상 당신을 돕고 있음을 느껴라. 전기가 기계를 움직이게 하면서도 기계의 활동에 아무런 영향도 받지 않는 것처럼, 우리의 마음을 움직이게 하는 생명의 권능 역시 마음의 생각들에 결코 영향을 받지 않는다.

모든 상황을 경험하고 느끼는 것은 바로 마음이며, 마음에서 받아들인 것이 현실이 된다는 것은 이미 말했다. 지금 여기서 다루는 것은 추상적인 철학이 아니라, 당장 실천할 수 있는 실용적인 방법임을 기억해야 한다. 머지않아 우리가 확신하는 바를 이 책을 읽는 당신 역시 스스로 입증할 수 있을 것이다.

영성과 형이상학 교사들은 지성적인 강론에 너무 큰 비중을 두는데 이것은 큰 실수이다. 그렇게 한다면 그들이 하는 일은 얼마 후에 아주 힘든 고역이 될 것이고 곧 결실도 없이 지치고 만다. 그래서 나는 일반 대중들이 이해할 수 있고 또 직접 실험해 볼 수 있는 실용적인 것을 형이상학 교사들이 가르쳤으면 한다. 만약 사람들이 당신의 가르침을 따라 실제로 진리를 삶 속에서 적용한다면, 그것은 곧바로 증명이 될 것이고 당신은 그들의 지지를 얻기 위해 애쓸 필요가 없을 것이다. 그저 자신이 믿고 있는 것을 말하면 그만이다. 사람들이 당신의 말을 이해해서 현실에서 입증할 수 있다면 당신을 따르는 사람들의 수는 많아질 것이다. 결코 거짓된 방법으로 사람들을 붙잡으려 하지 말라. 그렇게 한다면 당신뿐 아니라 당신을 따르는 이들까지도 지쳐버릴 것이다.

신의 메시지가 당신의 의식을 관통하여 청중의 가슴에 흘러가게 하라. 어떤 칭찬도 자신의 업적이 아닌 당신 안에서 일을 하시는 신에게 돌려라. 그러면 당신의 마음은 언제나 자유롭고, 열려 있고, 준비된 상태가 될 것이다.

타인을 치유하거나 돕고자 한다면 마음속에서 그 사람들의 긍정적인 모습을 보아라. 우리가 다른 이들에 대해 품는 태도와 마음속 이미지는 그들이 받아들일 준비가 되었을 때 반드시 전해진다. 이 우주의 모든 것은 근원적 질료(Substance)로 이루어져 있다. 마음속 이미지 역시 예외가 아니다. 그것은 의식의 속성을 이루는 근원 질료로 이루어져 있다. 치유의 순간에 흘러나오는 빛나는 창조적 질료 또한 그러하다.

만약 환자에게, "이 빛이 아픈 부위를 밝히고 당신이 계속 상상하는 한 그곳에 남아있을 것이다."라고 말한다면 그 빛은 환자에게 치유의 힘을 행사할 것이다. 환자가 그 말을 믿고 마음을 이완할 수 있다면 놀라운 결과를 얻을 것이다. 신의 빛이 우리의 마음을 관통할 때, 그 빛은 다른 이의 마음도 비추며 촉매제가 될 뿐 아니라 창조의 힘으로 작용한다.

바른 이해와 확신 속에서 그 창조의 빛이 당신의 몸과 마음을 통과해 다른 사람에게 흘러가는 모습을 그려라. 그러면 실제로 그렇게 될 것이고, 상대가 그것을 받아들인다면 긍정적인 변화가 일어날 것이다. 마음은 활발하게 작동하는 발전기이고, 그 방사 에너지는 과학적으로도 증명될 수 있다.

또 하나 기억해야 할 것이 있다. 타인의 부정적인 상황을 치유하기 위해서 몸과 마음을 신에게 맡겼더라도, 간혹 신이 어떤 방법으로 환자를 치유하실지 신뢰하지 못할 때가 있다. 그럴지라도 스스로의 힘으로 치유를 행하려 함으로써 신의 일을 방해해서는 안 된다. 우리는 신과 협력해야 한다. 그러려면 치유가 진행된 후에는 충분히 마음을 쉬게 하거나 다른 곳으로 시선을 돌려야 한다. 우리는 치유가 진행되고 있음을 아는 것이 역할이고, 실제로 그 일을 행하는 것은 신의 몫이다. 이것이 공정한 역할의 분담이다.

'몸과 마음 배후에서 생명을 주는 권능'인 신보다 더 거대한 것은 없다는 것을 기억한다면 결과를 이루는 데에 어려움이 없을 것이다. 반드시 마음을 이완하여 꽉 움켜쥐고 있는 질병에 대한 생각을 놓아버려라. 내가 마음에서 꽉 붙잡고 있는 것은 그것 또한 나를 꽉 움켜쥐고 있을 것이다.

마음에서 모든 불완전함이 사라진 것을 생생히 상상하라. 그러면 외부의 불완전함 역시 서서히 사라질 것이고 우리의 몸 안에서도 올바른 화학적 반응이 일어날 것이다.

[참조] 부정적인 상황이 다시 일어날까 두려울 때는 이렇게 생각하라. "만약 신이 나의 고통과 아픔을, 혹은 모든 부정적인 상황을 잠시 동안 멈추게 할 수 있다면 또한 더 긴 시간 동안, 더 나아가 영원한 시간 동안 멈추게 할 수도 있으실 것이다." 결과는 내가 이 사실을 얼마나 받아들이는지에 따라 결정된다.

Amulet or Charm, and The Illumined Faith
부적과 맹신, 그리고
올바른 이해 위에 세워진 믿음

 믿음이 있다면 모든 것은 마법의 힘을 행사할 것이다. 우리가 어떤 것에 부여한 가치가 곧 우리에게 그와 같은 반응을 불러오기 때문이다. 우리가 어떤 물건을 사용하면서 얻는 정신적 해방감은 그 물건 자체 때문이 아니라, 우리가 그것과 연관시킨 생각 때문이다.

 인류의 초기, 이성이 아직 발전하지 못했던 시절에 사람들은 자신과 주변 세계를 알지 못했기에 두려움에 사로잡혀 있었다. 그래서 자신을 보호하기 위해 마법의 힘에 기대어 부적이란 것을 만들었다. 이 부적이란 것은 비록 무지에서 생겨났지만 사람들을 안심시키는 메시지를 담고 있어서 실제 일정한 효과를 발휘했다. 이것은 과거의 일만이 아니라 지금 현대에도 부적을 믿는 사람에게는 일정한 효과를 내고 있다. 그러나 그것은 부적 자체의 힘이 아니라 믿음의 힘이다.

 인간이 믿는 것은 무엇이든지 그에게 현실이 되고, '근원적인 실재'는 인간의 믿음을 통해 일을 한다. 이것이 과학적인 설명이 아니라는 점은 나도 동의한다. 하지만 현실에서의 많은 결과들이 이 이야기가 사실임을 증명하고 있다.

예를 들어 어떤 사람들은 굉장한 압박감에 처했을 때 자기 자신을 잊고 초자연적인 일을 할 때가 있다. 큰 화재 속에서 아니면 큰 지진 속에서 평소에는 하지 못했던 일들을 하는 것을 종종 볼 수 있다. 어떤 사람은 그런 위협 속에서 자신보다 두 배나 더 무거운 것들을 어려움 없이 안전한 곳으로 옮기기도 한다. 또 어떤 때는 전쟁터에서 작은 남자가 자신의 몇 배나 되는 무기들과 군수품들을 산꼭대기까지 옮기거나, 상처 입은 무거운 동료를 안전한 곳으로 옮기기도 한다.

이런 일이 가능한 것은 자신을 완전히 잊었기 때문이다. 한 사람이 완전히 자신과 자신의 한계를 잊는다면 자신보다 더 거대한 어떤 것이 그를 통해 일을 하게 된다. 이 '어떤 것'은 바로 권능의 무한한 창고, 즉 인간의 '초의식적 자아'임에 틀림없다. 인간적 한계라는 덮개가 마음에서 제거되었을 때 그의 초의식적인 힘은 흘러나오게 된다.

한 사람이 자신의 한계를 잊는 두 가지 방법이 있는데, 하나는 외부에서 압박감이 아주 혹독해졌을 때이고 다른 하나는 어떤 것에 대한 신뢰와 믿음을 통해서이다. 만약 한 사람이 무언가를 믿는다면 억눌린 초의식의 에너지를 발산시킬 수 있다. 그러면 한 인간으로서 겪는 개인적인 걱정과 두려움마저 사라지게 된다. 이걸 다르게 표현해 본다면 믿음을 통해 인간적 한계라는 덮개가 제거되어 마음을 통해 우주의 에너지가 흐르게 되었다고 말할 수 있다.

예를 들어 잠재의식적인 억압으로 인하여 자신이 약하고 보잘것없다는 믿음을 가진 사람이 있다고 해보자. 그는 좌절감에 사로잡혀 마치 귀신이 출몰하는 집에 갇힌 것처럼 스스로를 괴롭힌다. 그런데 갑자기 자신이 의지할 만한 어떤 것, 다시 말해 자신에게 강함과 성공을 보장해 줄 어떤 것을 발견한다면 그는 망설임 없이 그것을 붙잡을 것이다. 어린 시절과 청소년기에 쌓인 미신적 믿음이 그를 그런 신비한 물건 앞에서 무조건적으로 무장해제시킨다. 그리고 그는 즉시 평화와 확신을 얻으며 두려움에서 벗어난다. 마음속으로는 이렇게 말한다. "이제 이 부적은 나를 위해 일할 것이고 어떤 것도 나를 막지 못할 거다." 그렇다면 잠시 동안 행운이 따르게 된다. 맹목적인 믿음을 통해 초의식적 권능이 흘러나온 것이다.

초의식은 항상 인간의 믿음을 통하여 활동한다. 하지만 그 사람이 초의식의 본성과 반대되는 행동을 하기 시작하면, 결국 반작용이 일어나 맹목적인 믿음에 큰 타격을 주게 된다.

맹목적 믿음으로 힘을 얻은 사람은 언제나 이성적 시야를 잃는다. 자기중심적이고 허영에 찬 인간이 된 채 스스로를 비범한 인물이라 생각한다. 그래도 그 믿음으로 인해서 어느 정도는 많은 일들을 이루며 살 것이다. 그런데 그런 오만 때문에 남들의 감정을 짓밟으며 으스대는 것에 병적인 만족감을 갖게 된다. 이것이 그의 몰락의 시작이다.

만약 맹목적 믿음이 한번 흔들리기 시작한다면 다시는 그 믿음을 일으켜 세울 수 없다. 그는 처음의 짜릿한 체험을 다시는 되찾지 못하고, 죽어가는 희망을 다시 불붙일 실체를 맹목적인 믿음 속에서는 발견하지 못한다.

명확한 앎이 없는 맹목적 믿음은 자신이 알지도 못하는 '어떤 것'을 이성의 눈을 감은 채 믿는 것이다. 이것은 잠시 동안은 그 믿음을 유지할 수 있지만 영원히 지속되지는 못한다.

이제 당신은 맹목적인 믿음과, 당신 배후에 있는 근원적 실재에 대한 믿음을 비교할 수 있을 것이다. 첫째, 근원적 실재는 스스로 당신을 이곳으로 이끌었다. 둘째, 근원적 실재는 당신을 지탱하고 있으며 모든 상황 속에서 활동하고 있다. 근원적 실재는 당신의 세포를 만들어내어 당신의 몸을 구성했기 때문에, 몸을 다시 재건하고 복구하는 방법 또한 알고 있다.

우리가 수용적으로 된다면 '근원적 실재'는 우리에게 새로운 생각과 영감들을 계속 심어준다. 아주 거대한 권능과 잠재력을 지닌 '근원적 실재'는 절대 실패하지 않고 모든 것을 다시 살아나게 할 수 있다. 심지어는 이미 죽어버린 희망과 비틀거리는 믿음마저도 다시 생명을 띠게 할 수 있다. 우리가 단지 구하고 믿기만 한다면 근원적 실재는 우리의 믿음을 회복시킬 것이다. 만약 우리가 근원적인 실재를 믿기만 한다면 그것이 할 수 없는 일이란 없다.

마음과 몸이 약하다면 그 실재에게 구하라. 그러면 마음과 몸은 강해질 것이다. 친구가 필요하다면 그 실재에게 구하라. 그러면 친구들을 우리 곁에 데려올 것이다. 만약 창의적인 일을 하는 데 방법을 모른다면 원하는 것을 그것에게 알려라. 그러면 그 일을 해낼 수 있는 방법을 얻게 될 것이다.

예수 그리스도는 말씀하셨다.

"그대가 믿을 수 있다면, 모든 것은 믿는 자에게 가능하리라."

마음에 의심을 갖지도 말고 지나친 근심도 하지 말라. 우리가 구하는 모든 것은 우리가 받게 될 것이다. 다만 우리의 시간과 우리의 방법이 아닌, 신의 시간과 신의 방법으로 이루어질 것이다.

[참조] 우리 현재의 모습은 우리의 과거 믿음들의 총합이다. 우리는 마음을 통해 어떤 것을 믿는다.

그렇다면 이 복잡하고 광활한 우주를 통해 활동하면서 몸과 마음에 생명을 주는 권능이, 그것을 불신하려는 그 어떤 생각들보다 무한하게 크다는 것을 마음이 믿게 하는 것은 어떤가? 작고 협소한 생명에 대한 의미에서 벗어나 생명의 보다 더 위대한 것들을 믿는다면 더 위대하고 거대한 것들을 누리게 될 것이다.

의식적으로든 무의식적으로든 우리의 시야를 확장하려는 모든 노력은, 사실 신이 우리를 통해 드러나는 노력이다. 신은 바로 의식적인 측면과 의식을 초월한 측면을 동시에 갖고 있는 우리의 생명이란 것을 알고 그분에게 더 가까이 다가가라.

Man and His Providence
인간 그리고 신의 섭리

이 우주에서 가장 위대한 건축가는 바로 신이다. 이 광활한 우주를 보라. 얼마나 경이로운 구조인가! 수십억의 태양들과 수조의 행성들과 위성들은 한 치의 오차 없이 정교하게 움직이고 있다. 그것들이 단순한 화학적 산물이며 화학적으로 생성된 힘에 의해 오류 없이 움직인다고 말하지 말라. 게다가 그것들 배후에 어떤 정돈된 지성이란 것은 단지 인간이 만들어낸 상상력의 산물이고, 이 끝도 없이 광활한 창조의 무대에서 유인원과 같은 인간만이 오직 지성이 있는 존재라고 말하지 말라. 인간의 수학과 계산으로 모든 것을 규정할 수 있다고 믿는다면, 그것은 거대한 아집일 뿐이다.

우리가 지구라고 일컫는 이 작은 먼지들의 집합체는 광활하고 무한한 창조의 무대 안에서는 아주 작은 것에 불과하다. 그럼에도 인간은 자신조차 이해하지 못하는 창조 이론을 다른 이에게 강요하려 한다. 자신의 배후에 존재하는 전능한 권능을 인식하고 깨닫지 못한다면 결코 자신을 알지 못할 것이다. 만약 한 미생물이 세상의 모든 모래 알갱이를 세겠다고 나선다면 우리는 비웃을 것이다. 만약 한 인간이 하늘의 별이

몇 개인지 그 수를 세고는 그것들이 어떻게 되는지를 이야기한다면 우리는 그를 지혜로운 사람이라 생각할 것인가?

그럼에도 이런 도전에는 나름의 가치가 있다. 그것은 인간의 정신적 지평을 넓혀준다. 그렇게 우주를 탐구하는 동안에 지금 자신이 머물고 있는 우주에 대한 매우 경이로운 사실들을 발견할 수 있다. 또 그러한 탐구는 자신보다 무한히 거대한 '어떤 것'을 인식하게 만들면서 자신을 보다 더 멀리로 차츰차츰 인도할 것이다. 이 '어떤 것'은 단순히 수학적 신이 아니라, 살아 있는 '거대한 지성'이다.

'거대한 지성'의 셀 수 없이 많은 각양각색의 창조물 안에서 그 '거대한 지성'은 작은 것 하나라도 소홀히 하지 않았다. '거대한 지성'은 살아 있는 모든 것이 온전하게 나타나도록 창조했다. 수없이 많은 생명들이 태어나고, 또 수없이 많은 생명들이 사라진다. 그것들은 모두 전지하고 무한한 생명의 품 안으로 돌아갔다가, 또 다시 불멸함을 나타내기 위해서 어느 곳에선가 나타나고 있는 것일까? 대답은 필요하지 않고, 그 결과는 자명할 뿐이다.

인간이란 존재가 활동하고 있는 창조의 영역은 얼마나 협소한 무대인가! 그러나 우리가 활동하고 있는 이 작은 영역이 중요하지 않은 부분이라는 이야기는 아니다. 이 우주에서 중요하지 않은 부분이란 없다. 허나 우리는 아주 작은 부분 하나라도 우리의 것이라고 주장할 수는 없다.

태초의 시간부터 우리 인간은 많은 것을 창조했고 많은 건물을 세웠으며 그 오랜 기간 사랑을 하며 살아왔다. 우리의 창조의 표현을 위해 우리에게 필요했던 모든 것들은 '신의 섭리'에 의해서 우리에게 주어졌다. 원시림들을 통해, 동굴들을 통해, 바빌론, 이집트, 그리스, 로마, 카르타고, 인도 그리고 중국을 통해 인류는 계속 나아가면서 그들의 여정에서 필요했던 모든 것을 찾아냈었다. 심지어 지금 우리가 사는 세상에서도, 우리가 필요한 모든 것, 그리고 우리가 구하는 모든 것은 우리에게 주어지고 있다. 이것은 우리의 위대한 사상과 발명뿐 아니라, 우리 자신을 나타내는 데에 필요한 모든 영감과 방향에 대한 이야기이기도 하다.

이 땅에서 새롭게 나타난 것들은 '자존하는 실재'에 영원히 존재했던 것임에 틀림없다. 우리의 긍정적이고 자연스러운 욕망과 열망, 그리고 성취는 또한 '신의 섭리에 의해 이루어진 계획' 안에 있었음에 틀림없다.

그렇다면 우리는 이렇게 묻는다.

"신이 우리에게 정해둔 바람직한 것들을 어디에서 어떻게 찾을 수 있을까?"

우리는 그것들을 생명의 무한한 영역인, 생명을 불어넣는 권능 안에서 찾을 수 있다. '무한한 권능의 빛나는 현존'은 우리가 그것을 볼 수 있다면 우리의 영적인 제국이 된다. 바로 이 제국에서 마음을 통해 소망하는 것을 접촉하고, 누릴 수 있다. 그 제국 안에서 우리의 것으로 누리고 믿는 것은 그것이 무엇이든지 우리의 것이 된다.

그 권능과 분리되어서는 아무것도 소유하지 못하고, 어떤 사물도 그 가치를 지니지 못한다. 심지어 우리의 친구들과 동료 영혼마저도 신의 빛나는 현존 안에서만 존재한다. 만약 우리가 마음속에서 그들을 만나고 인식하지 않는다면 그들이 어디에 있든지 우리에게는 없는 것이다. 그러나 신 안에서 그들의 존재를 자각하며 부르면, 그들은 우리의 삶 속에 나타난다. 만약 우리가 어떤 한 동료의 존재를 인식한다면 그것은 신이란 전화선을 통해서 동료에게 전화를 거는 것이라고 표현할 수 있다.

마음속에 믿고 보는 것은 다가온다. 그러나 그것이 우리에게 올바른 것인지 결코 확신하지 못한다. 그러므로 우리는 신에게 기도하여, 섭리에 정해진 바람직한 것들이 우리에게 오게 해달라고 요청한다. 그러면 실수는 없다. 이미 말했듯이 빛나는 신의 현존 안에서 마음으로 보고 누리는 것은 우리의 것이다. 하지만 객관적인 세계 안에서는 혼란스러울 것이다. 우리는 겉모습에 속거나 잘못 판단할 수 있다. 하지만 우리가 신을 믿을 때 바람직한 것들은 평화로운 길을 통해 우리에게 다가올 것이고, 그것들을 보게 될 것이다. 혼란과 불안을 만들어내는 것들은 그것이 무엇이든지 거부해야만 한다. 우리가 자연스럽게 완벽한 기쁨과 평화를 발견할 수 있는 사람들, 환경들, 일들, 성과들은 우리에게 정해진 바람직한 것들이다.

신은 직접적으로든 아니면 어떤 매개체를 통해서든 언제나 우리들을 도우려 한다는 것을 항상 기억해야만 한다. 우리는 이런 매개체가 되는 사람들의 존재를 인식하지 못할지라도 그들은 결코 멀리 떨어져 있지 않다. 우리는 종종 두려움과 걱정, 불신에 사로잡혀 이 하늘의 매개체들을 알아보지 못한다. 만약 우리가 평정을 유지한 채 마음으로 그들을 부르고 그들이 오고 있음을 믿는다면 모습을 나타낼 것이다. 그들을 만나게 되는 상황은 아주 다양할 것이다. 이것은 바로 예수 그리스도가 나타낸 인간의 신비이다.

"그대가 믿는다면 모든 것은 믿는 자에게 가능하다."

우리는 살아 있는 세계에서 살고 있다. 이곳에서 살아있지 않은 것은 단 하나도 없다. 우리의 마음은 라디오처럼 고유한 파동으로 살아 있는 것들과 교신한다. 만약 믿기만 한다면 우리가 어울리고 함께 하고 싶은 사람들과 사물들을 끌어당길 수 있다. 그러나 탐욕과 이기심 때문에 신의 법칙을 어긴다면 자유롭게 선택할 수 있는 특권은 사라질 것이다. 우주의 정의의 법칙은 결코 어긋나거나 실수하지 않는다.

모든 선하고 행복한 것들은 신의 계획에 따라 이미 우리에게 정해져 있다. 만약 어떤 것이 우리를 행복하게 만든다면 그것은 우리에게 주어진 것이다. 하지만 유의해야 할 것은 어떤 상황에서도 타인의 행복을 방해하거나 타인의 자유를 빼앗아서는 안 된다는 것이다. 서로의 동의하에 우리가 신 앞에서 주고받는 것은 하나의 약속이 되며, 그것은 신성하고, 구속력이 있으며, 깨질 수 없다.

우리의 사회적·가정적 규범과 윤리 또한 이런 영적인 약속 위에 세워져야 한다. 그렇게 한다면 이기심과 탐욕에 기인한 모든 타락과 기만을 제거할 수 있을 것이다. 우리의 시선이 신을 향한다면, 그 안에서 필요한 모든 것을 찾을 수 있다. 그러므로 타인의 것을 빼앗을 필요가 없다.

[참조] 마음을 조율하는 동안 우리는 신의 선한 것 모두가 우리에게 흘러 들어오는 것을 봐야만 한다. 그렇게 한다면 걱정에 사로잡힌 마음을 해방시켜, 평안함 속에 머물게 할 것이다.

The Voice of God and How to Make Mind and Body New
신의 목소리 그리고
마음과 몸을 새롭게 하는 방법

인류가 이 땅에 태어난 이래 수많은 언어를 사용했고, 또 수많은 언어가 사라졌다. 기존의 언어를 대신해 새로운 언어들이 나타난 것이다. 하나의 언어가 시대에 뒤처져 굳어버리면, 그것은 결국 사라지게 되며, 형식에 얽매이지 않고 새로운 단어와 표현을 받아들인 활력 있는 언어는 점차 생명력을 잃은 언어를 밀어낸다.

그러면 의문이 떠오른다. 인간의 언어는 끊임없이 변하는가? 그것은 새로운 생각과 경험을 최대한 생생히 표현하려는 갈망 때문이다. 그래서 인간은 자신의 감정의 자연스러운 표현을 막는 장애가 되는 것은, 그것이 무엇이든지 폐기처분시킨다. 강인한 민족은 강인한 언어를 발전시킨다고 한다. 그러나 그들의 언어가 고전적 권위로 치장되는 순간, 오히려 경직되어 생동감을 잃게 된다.

내가 진정으로 말하고자 하는 요점은 어떻게 자신의 '근원적 실재'의 충동 없이 새로운 단어와 언어를 만들 수 있겠나는 것이다. 분명 새로운 단어와 언어는 근원적 실재의 충동으로부터 생긴다. 그런데도 우리는 그 '실재'를 말하지 못하는 것으로 생각할 수 있겠는가? 그렇지 않을 것이다. 인간의 마음을 통해 언어를 발전시킨 그 '권능'은 확실히 '자신'이 하고 있는 일이 무엇인지를 알고 있다. 다시 말해 '그 실재'는 분명 인류에게 친숙한 언어를 통해 말할 수 있다. 그것은 자신의 우주적인 생각을 시간에 얽매인 인류에게, 분명하고 힘 있게 표현할 수 있다.

인간의 말조차 도덕과 육체에 영향을 미친다면, 신의 말씀이 우리에게 얼마나 더 큰 영향을 끼치겠는가? 신이 건강과 행복과 희망이라는 긍정의 언어로 우리에게 말하고 있다고 상상하는 순간, 우리는 신과 조화를 이루게 된다. 그때 우리는 신의 음성을 어떤 것에 의존하지도 않고 어떤 왜곡도 없이 들을 수 있다. 우리의 마음이 무기력한 상태에 빠져 있을 때조차 신으로부터 들려오는 상상의 말은 다시 우리를 활기차게 만든다.

내가 제시한 영적인 방법들을 동원하더라도 수동적인 마음 상태에서는 신이 우리에게 심어주는 긍정적인 인상을 취할 수 없어서 효과를 보지 못한다. 정체된 것이 다른 정체된 것을 움직일 수는 없다. 이것에 대한 자세한 예를 들어보겠다.

나는 오래전 미끄러져서 중상을 입었던 적이 있다. 영적인 방법을 통해 스스로 고쳐보려 했지만 어떤 이유에선지 효과가 없었다. 내 마음이 그것을 받아들이지 않은 것이다. 그러던 어느 날, 내 안의 신과 다음과 같은 대화를 나눴다.

"주여, 무엇이 문제입니까? 아무런 결과가 나타나지 않습니다."

내부에서 음성이 들려왔다.

"그대가 믿고, 마음에서 보고, 받아들이는 것은 그대에게 하나의 현실이 된다."

나는 다시 물었다.

"저는 계속해서 믿고 마음으로 보아왔지만 어떤 결과도 일어나지 않았습니다. 알 수 없는 어떤 이유로 제 마음이 그 치유를 받아들이지 못하고 있습니다."

내부의 음성은 대답했다.

"그대는 진리를 수동적이고 기계적으로 행할 뿐 그대의 마음이 적극적이고 역동적으로 반응하지 않기 때문이다. 마음이 너무 정체되어 긍정적 인상을 받아들이지 못하고 있다. 게다가 지금 이 시점에서 그대의 마음은 나를 보지 못하고 오히려 아픈 상태에 힘을 부여하고 있다."

"주여, 그러면 어떻게 해야 하나요? 당신의 진리를 강하게 주장해야 할까요?"

음성은 대답했다.

"그대가 주장하는 나의 진리에 대한 확언은 그대의 수동적인 마음을 적극적인 상태로 깨우지 못할 것이다. 그것이 실패했다는 것은 이미 자명하다."

나는 물었다.

"그렇다면 마음을 깨우기 위해 제가 할 수 있는 것은 있습니까?"

내부의 음성은 대답했다.

"그렇다. 그대의 상처 난 곳에서 들리는 내 치유의 음성에 계속 귀를 기울임으로써 그대는 그 일을 할 수 있다. 우선, 나의 살아있는 권능이 없다면 그 무엇도 살아있을 수 없다는 것을 인식하면서 그대의 상처에, 형언할 수 없이 빛나는 나의 존재를 심상하라. 그대의 몸을 내 자신으로부터 창조한 내가, 다시 그 몸을 재건하고 치유하는 것은 당연하지 않겠는가? 그리고 그대의 상처에서 들려오는 나의 말에 귀를 기울여라. '나는 그대를 치유하고 있다. 나는 그대를 치유하고 있다.' 그와 동시에 갈라진 틈이 닫히고, 상처가 원래의 모습으로 회복되는 것을 생생히 보아라."

나는 물었다.

"이걸 얼마나 자주 해야 할까요?"

주님은 대답하셨다.

"치유되지 않았다고 느낄 때마다 하라. 이것의 주요한 목적은 그대의 마음 안에서 치유의 활동이 일어나고 있다는 뚜렷한 확신을 세우는 것이다. 믿음이 있다면, 내가 계속해서 일하고 있음을 기억하는 것만으로 충분하다. 또한 마음에게 병이나 결함에 대한 생각을 없애라고 말하는 것도 좋은 방법이다. 마음이 '그렇게 되고 있다'고 확언하게 하라. 때로는 마음에게 소리 내어 말하는 것도 도움이 될 것이다."

나는 지시받은 대로 했고, 일주일이 채 지나지 않아 완전히 치유되었다.

어쩌면 주님과 내가 나눈 대화 전체가 단지 상상력이 꾸며낸 일일 뿐이고 그것에는 어떤 진실도 존재하지 않는다고 말할지 모른다. 과연 그런가? 보자.

첫째, 우리가 진실이라 상상한 것은 얼마 지나지 않아 우리에게 사실이 된다.

둘째, 우리가 신에게 돌리는 모든 긍정적인 확언은 영원하다. 왜냐하면 '자존하는 실재'에게는 새로운 것이란 없기 때문이다.

셋째, 시간에 종속된 인류(time-conscious human being)를 현

현할 수 있는 '근원의 실재'는 분명 인류의 언어와 감수성을 통해 시간 속에서 활동할 수 있다. 상상과 현실을 가르는 경계는 오직 의심하는 인간의 마음 안에서만 존재할 뿐이다.

영원히 활동하는 '근원의 실재'는 영원의 시간 속에서 자신의 근원의 진리를 되풀이하고 있다. 아니 오히려 표현하고 있다는 말이 적당할 듯하다. 태양은 영원히 꺼지지 않고 빛을 계속해서 내고 있지 않은가? 마찬가지로 영원히 활동하는 '근원의 실재' 역시도 계속해서 자신의 불멸의 진리를 표현하고 있다. 모든 긍정적인 속성과 활동은 바로 그 '실재'의 속성과 성질이다. 우리는 이 '실재'가 시간 안에서 나타나는 인간의 현현과 깊이 연결되어 있다는 것을 기억해야 한다. '실재'는 언제나 그 창조된 표현을 통해 살아 움직인다.

이 논의가 복잡하지 않기를 바라지만 한계에 속박된 우리의 이해력으로서는 복잡하고 어렵게 느껴질 수밖에 없다.

우리의 마음이 근원적 실재와 충분히 조화를 이룰 때 비로소 신의 음성을 들을 수 있다. 가장 좋은 조율의 길은 그분이 우리에게 모든 긍정의 진리를 말씀하고 계시다고 상상하는 것이다. 특히 한 사람의 아픈 부위를 통해 신이 말씀하신다고 여기는 방법은 굉장히 효과적이다. 이것은 실제 많은 사례들을 통해 증명되었다. 소화기관이든, 심장이든, 이 간단한 방법으로 창조의 실재인 신과 조율할 수 있다.

무엇보다 알아야 할 것은 빛을 발하는 신의 현존이 창조의 질료를 품고 있다는 사실이다. 이 '질료'는 모든 피조물의 근간이다. 만약 우리가 이 의미를 받아들일 수 있다면, 그것은 우리 몸을 다시 세우고 치유하는 가장 강력한 약이 된다. 또 기억해야 할 것은, 모든 긍정적 확언을 하는 신의 음성에 귀를 기울이면 우리의 개인적 한계를 없앨 수 있다는 것이다.

우리의 개인적인 진리 확언에는 한 가지 문제가 있다. 우리의 무의식적인 한계가 우리의 노력을 항상 방해하려 한다는 것이다. 우리 인류의 축적된 인식과 경험들은 너무나 강력해서 그것들의 영향을 피하거나 극복하기가 힘들다.

예를 들어 우리의 세포를 보자. 세포는 스스로 존속하는 힘을 부여받았지만, 어느 순간 이유 없이 그 자생력을 잃어버린다. 이 갑작스러운 변화는 우리 인류의 축적된 인식과 경험 때문이다. 그래서 세포를 창조했던 근원적 실재가 다시 그것을 재생시킬 수 있다고 믿는 것이 점점 더 어려워졌다. 우리가 직접 실험한 바, 세포들의 점진적인 변화를 생생히 영상화하고 느낄 수 있다면 근원적 실재가 실제로 몸 세포들을 재생할 수 있다는 것을 알 수 있었다. 이 변형은 마치 피어나는 꽃의 슬로우 모션 영상처럼 새 세포들이 낡은 세포들로부터 피어난다. 특히 세포의 활발한 회복활동을 우리가 심상하고 느낀다면 그것들이 다시 새롭게 되는 것을 의심하지 않게 된다.

더욱이 세포를 작은 개성체처럼 대하며 대화할 때 큰 도움이 된다. 결과는 우리가 태초의 권능, 곧 모든 것에 새 생명을 불어넣는 힘을 얼마나 믿는가에 달려 있다. 직접 실험을 통해 탁월한 결과를 얻고 증명했을지라도, 세상의 부정적 힘은 여전히 그것을 부인하려 든다. 하지만 우리는 실험을 해서 이런 경험들과 결과들을 직접 얻음으로써, 지금 말하는 이론이 사실임을 적어도 자신에게는 증명해야 한다.

이 위대한 사상을 더 영감 어린 말로 표현하지 못하는 것이 안타깝다. 그러나 위에서 말한 방법으로 우리는 생명 유지에 필요한 기관들을 새롭게 하여 정상적인 기능을 회복할 수 있다.

[참조] 명상할 때에는 자신의 몸을 '자존하는 초의식적 생명의 의식적 측면'으로 바라보아야 한다. 몸을 '나의 것'이라 여기지 말라. 우리가 본래적 본성으로 돌아간다면 아버지와 하나가 되고, 우리 역시 아버지처럼 자유로워진다. 이러한 깨달음은 우리에게 정신적 자유를 줘, 우리의 몸이 변형되는 과정을 두려움과 걱정 없이 지켜볼 수 있게 해준다. 우리는 '영원히 자유로운 영'이다. 그 당연한 권리로서 우

리가 소망하고 주장하는 상태는 반드시 몸과 마음에 실현될 것이다. 오직 어떻게 인식하느냐에 그 결과의 성패가 달렸다. 결과가 일어나는 동안 신이 주신 모든 방법과 수단을 사용해 마음을 편하게 만들라. 그리고 진리를 굳게 붙잡으라. 결국에는 절대적 진리 외에는 어떤 것도 필요하지 않은 때가 올 것이다.

만약 몸의 세포에 다시 활력을 불어넣고자 한다면, 세포들을 작은 개성을 지닌 존재로 대하라. 그리고 그 세포들이 신의 빛나는 현존 안에 잠겨 있는 것을 상상하라. 이어 신이 그들에게 이렇게 말씀하신다고 그려보라.

"나는 너의 창조주인, 주 하느님이다. 나의 빛나는 창조의 질료들을 흡수해 새롭게 되기를 명하노라."

그때 몸의 모든 세포들이 한목소리로 외치게 하라.

"우리는 모두 새롭게 되고 있습니다. 주여."

그리고 새 세포가 낡은 세포를 뚫고 솟아나는 모습을 생생한 영상처럼 바라보며, 그 신선한 활력과 생명력을 느껴라. 이것은 반드시 거쳐야 할 과정이다. 우리가 어떤 상황을 느끼지 못한다면 결코 현실이 될 수 없다. 만약 우리가 어떤 긍정적인 상황을 느끼지 못한다면 우리는 단지 수동적으로만 그 일이 일어나기를 기대할 뿐이다. 이렇게 수동적인 상태가 된다면 어떤 긍정적인 일도 일어나지 않는다. 사랑이든 감정이든 무엇이든, 수동적 마음은 생명을 불어넣을 수 없기 때문이다. 수동적 마음에는 바깥으로 내보내는 힘이 결여되어 있다.

[참조] 우리의 세포들은 본래 '생명(마음과 육신 배후에서 생명을 주는 권능)' 안에서 깨어났다. 치유를 마쳤다면 이 세포들이 계속해서 그 근원으로부터 신선한 활력을 받아 깨어나고 몸은 활기와 충만함으로 가득한 것을 시각화하라. 중요한 것은 새 세포들이 계속해서 생겨나는 것을 느끼는 거다. 마치 세포들이 '생명'으로부터 계속 흘러나오는 것처럼 느껴라. 강력한 심상의 자극제가 없다면 세포는 다시 살아날 수 없다. 그리고 이것과 함께 우리의 '생명'이 몸 세포에게 다음과 같이 말하는 것을 상상하라.
"나는 그대를 부활시키고 있다. 나는 그대를 부활시키고 있다."
근원 생명과 협력을 하라. 즉, 세포들에게 용기를 불어넣는 말을 하라. 그러면 세포들은 기운을 되찾을 것이다. 매일의 명상을 통해 모든 세포와 기관이 '편재하고 빛나는 현존의 창조 질료'를 흡수함으로써 새 생명과 기운을 얻게 되는 것을 현실처럼 상상하라. 상상하고 마음으로 본 것은 현실이 된다.

어떤 이들은 이런 명상들이 단지 정신적인 체조와 같다고 말할지 모른다. "영광의 할렐루야!"를 외치는 것과 같을 뿐이라고 주장할 수도 있다.

그런데 이 명상은 사람의 마음을 자극시키는 정신적 체조 이상의 힘을 지니고 있다. 그 배후에는 '근원적 실재'와 그로부터 흘러나오는 활동적이고 생명을 불어넣는 권능이 깃들어 있다. 이 '실재'를 무시한다면 습관처럼 마음이 부정적 상태에 들어갔을 때 마음을 다시 다잡아줄 만한 것이 없을 것이다. 더 나아가 오랫동안 이어져 내려온 부정적인 인류의 관습과 믿음을 대체해 줄 만한 것을 찾지 못할 것이다.

우리의 모습들은 모두 일련의 이미지들로 구성된다. 그렇기 때문에 '근원적인 실재'의 도움 없이 마음에 이미지를 그릴 수 없다면 근본적인 변화를 일으킬 수 없다. 심지어 종교적 믿음조차도 그 일을 대신할 수 없다. 어떤 형태의 자기암시라도 일정한 나이가 되면 찾아오는 육신의 점진적 퇴화를 막을 수 없다. 물론 현대 과학이 그 시기를 조금 늦추고 있는 것은 사실이지만 세상에 어떤 변화라도 있기 위해서는 우리가 기대하는 것에 대한 이미지가 있어야 한다는 사실은 변하지 않는다. 어떤 것에 대한 명확한 이미자가 없다면 우리는 진정으로 그것에 반응할 수 없다.

생명이나 영이라는 단어를 예로 들어보자. 우리는 그것들을 단지 육체를 움직이게 하는 에너지 정도로만 이해하고 있지 않은가? 우리가 생명과 영을 충분히 이해하지 못하는 까닭은, 그것의 성격과 속성, 작용을 생생히 그려낼 이미지가 없기 때문이다.

한 번은 매우 지적인 사람과 대화를 나눈 적이 있다.

"당신의 몸은 모두 빛으로 구성되었다는 것을 아십니까?"

그는 나를 쳐다보고는 웃으며 말했다.

"그게 무슨 말도 안 되는 소리죠?"

나는 다시 대답했다.

"당신의 몸 안에 하나의 생명이 있다는 것과 그 생명이 당신의 몸 구석구석에서 활동하고 있다는 것을 부정하십니까?"

그렇지는 않다고 대답했다. 나는 말을 이었다.

"만물은 모두 아주 높은 진동을 지닌 하나의 '빛나는 질료'로 이루어져 있으며, 그 때문에 각각 고유한 빛을 발산합니다. 당신의 생명 또한 그 질료로부터 나온 살아 있는 매개체입니다. 그렇다면 빛을 떠나서 그것을 상상할 수 있겠습니까?"

그때서야 그는 대답했다.

"아, 이제 알겠네요. 생명이란 것을 그런 관점에서 생각해 보지 못했습니다."

[참조] 모든 것은 '하나의 것(One Thing)'으로 환원될 수 있다는 것을 인정한다면 반대로 모든 것이 '하나의 것'에서 생겨났다는 것도 인정할 수밖에 없다. 그 '하나의 것'은 바로 '만물에 편재하는 근원적 실재'이다. 그 '하나의 것'은 근원적 실재가 이 세상에 모습을 드러낸 것뿐만 아니라 아직 잠재적인 상태로 있는 것도 포함한다.

우리 안의 '생명'이 바로 그 '빛'임을 진정으로 깨달은 사람은 드물다. 게다가 그것이 '생명을 부여하는 실재'일 뿐만 아니라, 의식이 있는 '살아있는 존재'임을 아는 사람은 더욱 드물다. 그 생명은 우리 몸 구석구석에 존재한다. 우리가 마음을 열고 '그것'에게 특정한 기관에게 원기를 주고 정상적으로 활동시켜 달라고 요청한다면, 즉시 우리의 요청에 따른다. 실제 이 원리를 사용할 때는 신체기관을 인격처럼 대하면서 '빛나는 존재'로부터 '창조의 에너지'를 따르고 흡수하라고 말한다. 그런 후 마음이 '그 에너지'를 받아들이도록 한다.

우리가 신체의 기관이나 부위를 인격화하는 이유는 각각의 기관이 고유한 기능을 지니고, 그 기능에 맞게 세포들이 조율되어 있기 때문이다. 어떤 신체기관이나 몸의 부위를 인격처럼 대함으로써 우리의 정신적 작용을 용이하게 만들 수 있을 뿐 아니라, 그 기관 고유의 기능과 연결된 뚜렷한 관계가 성립된다.

우리가 신체기관이나 몸의 부위를 인격처럼 인식한다면 그것은 활성화되기 때문에 치유에 즉각적인 반응을 보인다. 그래서 치유가 끝난 후에 우리의 약한 부위나 병든 부위에게 조금 더 나아졌는지 물어봐야 한다. 우리가 그 치유 부위의 세포들이 정말로 조금 더 강해지고 나아졌다고 대답하는 것을 상상한다면, 몸 세포들은 더 활발하게 반응할 것이다.

내가 이 책에서 하고자 하는 작업은 복잡한 철학적 논의를 늘어놓는 것이 아니라, 가능한 한 그것을 줄이고 실제로 활용할 수 있는 실용적인 측면만을 보여주려는 것이다. 어쨌든 '신의 치유의 권능'에 흔들리지 않는 믿음을 지닌다면 위에서 제시한 방법 없이도 치유의 효과를 얻을 수 있다.

[참조] 나는 국부감염에 걸렸을 때 그곳의 세포들에게 말을 걸었던 적이 있는데 즉각적인 결과를 얻었다. 알다시피 세포는 살아있는 존재다. 나는 다음과 같은 방식으로 그 세포들에게 말을 걸었다.
"너희들은 무엇을 원하는가? 신인가, 아니면 질병인가? 신은 너희들의 생명이고 질병은 너희들의 죽음이다. 너희가 죽음보다 생명을 더 좋아한다면 질병을 붙잡고 있는 손을 놓아라. 그리고 너희들 배후의 '살아있는 권능'인 신이 너희를 다시 재건하고 새롭게 하도록 하라."

나는 세포들이 질병을 떠나보내고 신의 치유의 권능을 받아들이는 것을 상상함으로써 순식간에 치유되었다. 살아있는 모든 것은 살기를 원한다. 그것들에게 필요한 것은 단지 상위의 권능으로부터 약간의 격려를 받는 것이다. 의학적으로도 영양가 있는 음식, 신선한 공기, 햇빛이 적혈구와 백혈구를 늘리는 데 필수적이지만, 그보다 더 중요한 것은 환자의 긍정적인 마음가짐이다. 그리고 긍정적인 마음을 갖기 위해서 가장 효과적인 것은 자신 안에 살아있는 신의 치유와 창조의 권능을 믿는 것이다.

만약 형이상학적 진리를 이제 막 배우기 시작했거나 믿음이 부족하다면, 다음과 같은 실험을 통해 확신을 얻을 수 있다. 아픈 부위에 손을 얹고 가볍게 두드려주라. 그리고 영원히 자유로운 영으로서 그 부위의 세포들에게 명령하라.

"빛나는 현존의 창조 에너지를 흡수하여 새로워져라."

세포들이 그 명령을 따르는 것을 생생하게 마음속으로 보라. 이것은 세포의 잠재의식뿐만 아니라 현재의식을 긍정적이고 활기차게 만들 것이다.

Divine Protection and How to Obtain It
신의 보호, 그리고 그것을 얻는 방법

신은 언제나 긍정적인 말씀을 하고 계신다. 그래서 우리는 신의 음성에 귀를 기울여야만 한다. 앞서 말한 것처럼 우리 몸과 마음의 아픈 부위들로부터 들려오는 신의 음성뿐 아니라, 바깥세상 모든 창조물 안에서 울려오는 신의 음성에도 귀를 기울여야 한다. 그렇게 할 때 우리는 신과의 연결을 잃지 않게 되며, 신의 현존 안에서 불행과 재난을 피할 수 있다. 가장 높은 진동 속에서는 낮은 진동으로 이루어진 것이 존재할 수도, 작용할 수도 없기 때문이다.

[참조] 우리의 마음은 라디오처럼 작동한다. 따라서 마음은 자기와 파동이 맞는 사물들과 상황들만 접촉할 수 있다.

"나는 그대를 보호하고 있다."라고 말하는 신의 음성에 귀를 기울이는 습관은 매우 유익하다. 우리가 한 장소에서 다른 곳으로 이동할 때에도 신의 빛나는 존재를 통해 움직인다고 상상해야만 한다. 때때로 우리의 몸과 마음이 그 현존에 더 가까이 안기는 듯한 느낌을 받을 것이다.

"가장 높은 자의 비밀스러운 장소에 거하는 자는 전능한 자의 그늘 밑에서 머물게 될 것이다. 나는 주를, 나의 피난처시이자 요새이시며, 내가 의지하는 하느님이라고 할 것이다. 그분은 당연히 그대를 사냥꾼의 덫에서, 그리고 악취가 나는 역병 속에서 건질 것이다. 그분은 그대를 그분의 날개로 덮을 것이니, 그대는 그분의 날개 안에서 편히 쉴 것이다. 그분의 진리는 그대의 방패와 방어막이 되어 밤에 엄습하는 공포와 낮에 하늘을 가르는 화살에도, 어둠 속에서 돌아다니는 역병과 한낮에 황폐하게 만드는 전쟁 속에서도 두려워하지 않을 것이다. 어떤 악도 그대에게 일어나지 않고 어떤 역병도 그대의 거처에 다가오지 못하니 그것은 그분이 그분의 천사들을 그대의 모든 길 위에 보낼 것이기 때문이다."

[참조] 우리가 신의 보호의 권능을 믿는다면, 신비스러운 방식으로 사고와 재난을 피하게 된다. 신이 나를 둘러싸고 있고, 또 나를 둘러싼 것이 내 안의 신이란 것을 느끼는 것, 오직 이것을 통해 보호를 확신할 수 있다.

Through the Rainbow Trail
무지개가 놓인 곳을 따라

 사람의 마음은 구체적인 것, 곧 형태와 색깔이 있는 것만을 이해할 수 있다. 그래서 형태와 색을 입힌 생각일수록 우리의 마음은 즉각 반응한다. 그 누구도 추상적인 말만으로는 온전히 이해할 수 없다. 반드시 어떤 형태의 물리적인 표현을 입어야만 한다. 눈에 보이는 우주가 없다면 그것 배후에 존재하는 '눈에 보이지 않는 영'을 생각할 수 없는 것처럼, 눈에 보이는 구체적 형체가 없다면 그 배후에 존재하는 인간의 영도 떠올릴 수 없다. 만물이 보이지도 않고 파괴되지도 않는 '하나의 것'으로 구성되어 있음을 깨닫는다면 형이상학과 형이하학을 가르던 경계선은 사라진다. 그렇게 영원한 시간 속에서 눈에 보이지 않는 것은 눈에 보이는 것이 되고, 보이는 것은 또 보이지 않는 것이 되고 있다.

 인생이라는 무대에서 우리는 보이지 않는 것들이 형태로 드러난 것들과 관계하며 살아간다. 우리의 생각과 이상은 보이지 않는 것들이 보이게 된 것들과 관련되어 있다. 보이는 것과 보이지 않는 것의 상호작용이 끊임없이 이어지는 것이다. 우리의 감정조차도 어떤 눈에 보이는 연관물이 없으면 의미를 가질 수 없다. 사랑, 기쁨, 행복, 혹은 그 반대의 감정들 모두 외부 사물과 연관될 때 비로소 실체를 얻는다. 그러므로 주관적인 생각과 이상, 감정을 시각적으로 표현하고 객관화할수록 그것들은 더 뚜렷해지고, 우리가 소망하는 것들은 그 과정을 통해 자각될 수 있다.

당신은 지금 육체적 고통을 의식하고 있는가? 그렇다면 마음 안에 건강의 씨앗을 심어라. 그 씨앗이 자라는 것을 본다면, 실제로 내면에서도 자라날 것이다. 또한 내면에서 '빛으로 가득한 신의 현존'이 건강이란 관념을 마음 안에서 자라게 한다고 믿고 상상한다면 더 빠른 결과를 얻게 될 것이다. 왜냐고 물을 것이다. 개인적인 자아보다 더 거대한 '무언가'가 자신을 돕고 있다고 믿는다면 한 인간의 노력에 수반되는 걱정과 근심을 제거할 수 있기 때문이라고 대답하겠다. 그리고 그 믿음은 초의식이 마음을 통해 활동할 수 있는 통로를 열어줄 것이다.

마음 안에 긍정적인 속성을 심을 특권이 우리에게 주어졌다. 만약 '영원히 활동하는 신'이 그 속성을 점차 크게 만든다고 믿고 상상한다면 빠르게 커질 것이다. 형이상학의 법칙은 단순하다. 어떤 긍정적 속성이 내 마음 안에서 자란다고 생각할수록, 그 속성에 대한 자각 또한 더욱 강렬해진다. 구체적인 이미지로 그 속성을 시각화할 때, 마음은 그것에 집중할 수 있는 대상을 얻게 된다.

우리는 항상 무언가를 인격화시키곤 한다. 그래서 어떤 때는 애완동물들을 의인화시켜서 말을 걸기도 한다. 심지어는 우리가 하는 말을 애완동물이 이해하기를 기대하며 말을 건다. 사실 많은 동물들이 우리의 말을 어느 정도 이해한다. 여기서 한 걸음 더 나아가 추상적인 긍정적 속성마저도 과감하게 인격화시켜서 시각화할 수 있다. 예수 그리스도야말로 이런 예를 직접 보여준 첫 번째 세계 교사였다. 그분은 선한 속성과 상황을 '선한 영'이라고 불렀고 반대로 나쁜 속성과 상황을 '악한 영'이라고 불렀다.

우리가 마음의 평화를 원한다고 가정해보자. 그러면 그 평화를 마치 하나의 빛나는 천사처럼 생각해서 그것이 마음에 내려와서는 "두려워 마세요. 나는 당신을 안정시키기 위해 왔어요."라고 말한다고 상상한다면 그 즉시 안정을 찾게 될 것이다. 모든 긍정적 속성은 영원히 활동하는 신의 신성한 속성이다. 고대인들은 그것들을 '신의 영'이라고 불렀다. 우리가 삶 속에서 혼란을 겪을 때, 그 어떤 방법도 긍정적 속성을 인격화하는 것만큼 즉각적인 안정과 힘을 주지는 못한다.

태양과 그 빛이 하나인 것처럼, 신과 신의 속성들은 '하나'임을 기억해야만 한다. 실제로 이 원리를 적용하고자 한다면 우리의 마음을 움직이게 하기 위해서 특정한 긍정적 속성이 특정한 형태로 움직이는 것을 상상해야 한다.

현대의 이성적인 사람들은 이런 인격화된 상징을 받아들이면 미신적이라 조롱받을까 두려워할지 모른다. 그러나 분명한 것은, 우리가 삼차원 세계에서든 사차원 세계에서든 형태와 현상의 세계로부터 벗어날 수 없다는 사실이다. 우리가 긍정적 속성을 인격화할 때 그것을 충분히 이해하고 사용한다면, 오해나 정신적 혼란이 생길 여지는 거의 없을 것이다.

만약 아프다면 대부분의 사람들은 쓸데없이 그 부정적인 상황의 원인에 대해 골몰하며 시간을 낭비한다. 그러나 우리 같은 평범한 사람들에게는 훨씬 단순하고 유익한 길이 있다. 바로 '건강과 위로의 영'이 내려와 자신을 돕고 있다고 상상하는 것이다.

물론 이성적인 사람의 눈에는 저런 유아적인 방법을 사용하는 것이 저급하게 느껴질지도 모른다. 그러나 여기서 우리가 말하려는 대상은 진리의 실제 적용에는 무관심하고 지적 사색에만 몰두하는 사람은 아니다. 나로 말하자면, 공허한 추상에 빠지는 것보다는 차라리 내 삶의 여정에 함께하며 말을 걸고 위로를 건네는 '영'이 있는 편이 훨씬 낫다.

한번은 매우 지성적이지만 수줍음을 잘 타는 한 젊은이가 연설을 하기 위해 청중들 앞에 섰다. 그는 말 그대로 오금이 떨리기 시작했다. 완전히 자포자기하는 심정으로 자신이 예전에 들었던 진리에 의지하기로 마음먹고는 연설의 여신이 내려와서 자신을 돕는다고 상상했다. 그러자 자기의식과 한계가 사라지면서 훌륭한 연설을 하게 됐다. 내가 이 이야기를 전하는 것은 모든 이에게 이 방법을 그대로 따르라고 권하기 위함이 아니다. 하나의 속성을 영상화하고 인격화하는 것이 얼마나 큰 효과를 낼 수 있는지에 대해서 말하기 위해서다.

사람들은 각자의 성향과 훈련 정도에 따라서 자신에게 자연스럽게 맞는 방법을 선택해야만 한다. 내가 단 한 가지 경고하고 싶은 것은, 교리에 빠지지 말라는 것이다. 즉, 형이상학이란 이름으로 추상적 공허함에 빠지지 말라는 것이다.

우리의 개인적인 의견들이 어떻든, 보다 거대한 존재들에 대한 생각과 관념은 굉장히 큰 힘을 행사한다. 만약 몸이 마음에 영향을 주고, 또 마음이 몸에 영향을 준다는 것을 믿는다면 어떤 건설적인 생각이나 관념이 설령 미신의 옷을 입고 있다 해도 함부로 배척하지는 않을 것이다. 우리가 어떤 관념을 품든, 우리 안에서 가장 우세한 속성이 인격으로 드러난다. 이 점에서 우리는 천사가 될 수도, 악마가 될 수도 있다.

[참조] 우리가 변화되었다고, 혹은 병에서 벗어났다고 의식하는 순간 실제로 그렇게 된다. 정신적으로 받아들인 상태나 상황은 반드시 몸에 영향을 미친다. 마음이 무엇을 받아들이기로 결정하면, 마음은 그것을 받아들이고, 그 생각은 점차 자라난다. 마음은 독립적으로 긴 시간 동안 작용할 수 없다. 마음은 자신을 자극해 줄 어떤 종류의 매개체를 항상 필요로 한다. 그것이 약이든, 신의 도움이든, 신의 질료이든, 기후나 햇볕이든 상관없다. 우리의 마음은 몸의 화학 실험실에 비유할 수 있다. 우리는 어떤 매개체를 통해서 마음을 자극함으로써 인류의 믿음에 의해 부과된 나이의 한계를 초월해서 분비기관의 작용을 되살릴 수도 있다. 그 매개체 중에서 '영적 매개체'가 가장 강력하고도 탁월한 자극제다.

우리는 '질료'의 세상 안에서 살고 있으며 모든 존재와 사물은 '궁극의 근원 질료(Final Fundamental Substance)'로부터 생겨났다는 것을 기억해야만 한다. 그러므로 이 '근원적 질료(Substance)'는 가장 위대한 약이다. 우리는 단순히 어떤 것을 인식함으로써 그것을 사용할 수 있다. 우리의 마음 안에 하나의 생각을 각인시켰다면 마음 안에 특정한 성질의 '질료'를 넣은 것이다. 그러면 그 속성에 의해 우리는 영향을 받게 된다.

이 우주 안에서 빈 공간은 없다. 추상적인 세계도 존재하지 않고 존재할 수도 없다. 모든 생각은 어떤 사물, 혹은 사물의 존재와 연결되어 있으며, 따라서 모든 생각은 특정한 질료의 성질과 함께 움직인다.

Christ and The New Message
그리스도와 새 시대의 메시지

기독교 시대가 시작되기 훨씬 이전에, 인도-아리안 힌두교의 현자들은 이 우주가 수백만 개의 태양계와 수십억 개의 태양으로 이루어져 있다는 사실을 발견했다. 숲에서 은둔하는 현자들은 이 우주의 신이 소위 물질이라 불리는 것들 안에서 장엄하게 쉬고 있는 '편재하는 영'이며, '그분의 가장 찬란히 빛나는 존재'는 무한한 공간을 통해 모든 존재와 사물을 유지하고 지탱하면서 그것들에게 빛을 비추고 있다는 놀라운 사실을 발견했다. 그들의 가장 영감 어린 찬송은 지금도 여전히 인도 전역에서 어렴풋이 들을 수가 있다. 인도의 어린아이들조차 이런 기도를 외운다.

"오, 우주의 영이여! 우리를 비진리에서 진리로, 어둠에서 빛으로, 죽음에서 영원으로 이끄소서."

인도의 신전 안에서도 우파니샤드 숲의 빛나는 계시는 여전히 빛나며, 인도 정신의 위대함을 드러낸다. 미국의 대표적 초월주의자 랄프 왈도 에머슨 또한 이 숲속 리쉬들이 전한 계시에 매혹되었다.

대부분의 사람은 그 위대한 영혼들이 발견한 이 우주의 광대한 비전, 창조의 무한한 영역, 그리고 만물에 두루 퍼진 하나의 영을 이해하지 못했고 지금도 이해하지 못한다. 그 '영'은 인격을 초월해 있기에, 느낌과 감정, 욕망과 희망 사이를 쳇바퀴 돌며 사는 평범한 사람들에게는 너무 멀게 느껴진다. '영'은 자급자족하고 부족함이 없기 때문에 한 인간에게 사사로운 호소를 하지 않는다. 옛날이나 지금이나, 대부분의 사람들은 자신들에게 부족한 것을 채울 수 있도록 신에게 도움을 구하고 있다. 그들은 자신의 가장 은밀한 욕망을 드러내면서 이야기를 나눌 수 있는 신을 원한다. 예수 그리스도가 나타낸 신이 바로 그런 신이었다.

그 신은 저 멀리 하늘에 있는 신도 아니고 그렇다고 인간처럼 개성을 갖춘 존재도 아니었다. 모든 사람 안에서 인간으로 드러나는 신이었다. "신은 당신 안에 있다"는 예수 그리스도의 짧은 문장은 세상의 어떤 초월적 철학보다도 더 강력하고 대중적인 힘을 가지고 있다. 위대한 스승은 "신은 영이다"라고, 즉 인간 안에서 살아 움직이는 권능이라고 말했다. 예수 그리스도가 말한 신은 의식을 갖춘 존재일 뿐 아니라 대화할 수 있는 신이기도 했다.

대부분의 사람들은 시련과 재난 속에서 어떤 뛰어난 철학적 강론을 해줄 신보다는 오히려 바로 가까이에서 친근한 대화를 나눌 수 있는 신을 갖고자 한다. 왜 인간은 대화할 수 있는 신을 원할까? 그것은 인간 자신이 대화하는 존재이기 때문이다.

우리는 자신의 마음을 초월적 존재(Superior Being), 곧 더 높은 존재에게 털어놓을 때, 그리고 그 존재의 보호와 지혜가 자신을 돕고 있음을 느낄 때 더 큰 위안을 얻는다. 반면 인격을 초월하는 영의 본성을 묵상하는 것은 인간에게 너무 추상적이고 어렵게만 느껴진다. 추상적인 진리를 되뇌며 스스로를 최면에 빠뜨릴 수도 있겠지만, 늘 곁에서 함께하며 친구이자 상담자가 되어주는 신을 만날 수는 없다.

[참조] 만약 인간이 의식 있는 지성적 존재가 아니었다면, 이 광대한 우주를 움직이는 힘을 초의식적이고 초지성적인 영으로, 혹은 자기 안에서 인격화된 신성으로 이해할 수 없었을 것이다. 인간이 신에게 부여한 모든 속성은 결국 자기 안의 속성을 무한히 확장한 것이다. 만약 인간이 실제라면 그의 근원인 '근원적인 실재' 역시도 실제임이 틀림없다. 한 사람의 속성은 반드시 '근원적인 실재'의 속성의 일부이다. 그러므로 이 땅 위에서 드러난 신의 모습 가운데 인간이야말로 가장 위대한 현현이라 할 수 있다.

우리가 이 세상에서 필요로 하는 것은 구체적인 신의 표현이다. 그래서 그리스도는 이렇게 말했다.

"먼저 신의 왕국과 그분의 올바름을 구하라. 그러면 이 모든 것이 그대에게 더해지리라."

여기서 모든 것이란 우리가 지금 쓰고 있고, 또 미래에 쓰기 바라는 것들 모두를 말한다. 이 말씀은 의식을 가진 인간 존재를 정상적이고 건강한 상태로 회복시켜 행복으로 이끈다.

그리스도의 가르침에 따르면 인간의 존재 목적은 자기표현과 만물의 일체성을 깨닫는 데 있으며, 삶을 부정하거나 무(無)에 머무는 데 있지 않다. 모든 것을 감싸고 있는 이 생명을 부정하고 신의 선물 모두를 부정하는 부정의 철학(philosophy of negation)을 받아들였다면 우리가 무언가를 현현하려고 했을 때는 심각한 모순을 느끼게 된다. 산상수훈에서 예수 그리스도는 이렇게 말씀하셨다.

"구하는 이는 받을 것이요, 찾는 이는 찾을 것이며, 두드리는 자에게는 문이 열릴 것이다. 너희 중에 누가 아들이 빵을 달라 하는데 돌을 주겠느냐? . . . 아무리 악한 자라도 자식들에게는 좋은 선물들을 주더라. 그런데 하늘나라에 계신 너희 아버지께서는 그분에게 구하는 자들에게 얼마나 많은 것들을 주겠는가? 그러므로 다른 이가 너희에게 하기 원하는 것은 무엇이든지 너희가 그들에게 하라. 왜냐하면 이것이 법칙이고 예언이기 때문이다."

인간은 자신의 부정적인 상황이 스스로 만들어낸 결과임을 이성적으로는 알 수 있다. 그러나 하늘의 아버지가 그 상황을 바로잡으려 하신다는 사실을 알 때 마음은 한결 가벼워진다. 때로는 악한 행실로 책망을 받을지라도 버려지지는 않는다는 확신 속에서 위로를 얻는다. 예수 그리스도가 계시한 '신은 인간 안에 있는 생명력을 가진 영'이라는 진리는 인간에게 신이 가까이 있다는 감각을 줄 뿐만 아니라, 신과의 일체감을 느끼게 해준다.

그러므로 위대한 스승의 가르침에 비추어 우리는 그 누구보다 먼저 신을 사랑해야 한다. 신은 모든 선물의 근원이시기 때문이다. 만약 우리가 선물 자체를 신보다 더 사랑한다면, 그 선물을 주시는 근원의 문은 닫히고 만다. 또한 우리가 어떤 것을 누리게 한 그 권능을 그보다 하찮게 여긴다면, 어떻게 그 선물을 진정으로 즐길 수 있겠는가?

"그러나 소금이 그 맛을 잃으면, 무엇으로 다시 짜게 하겠는가?"

우리는 언제나 그리스도의 가장 중요한 다음 계명을 기억해야 한다.

"너는 마음을 다하고, 영혼을 다하고, 뜻을 다하고, 힘을 다하여 너의 주 하느님을 사랑하라."

이 생명을 살리는 계명을 저버린 오늘날의 위대한 이들은 너무 빨리 영혼의 의식을 잃어가고 있다. 그 결과 그들이 이룩했던 희망과 포부의 세상도 점차 사라져간다.

"온 세상을 얻는다 해도 자기 영혼을 잃는다면 무슨 소용이 있겠는가?"

인간이 자기중심적이 되고 이기적이 되는 순간, 다른 이들을 잊게 된다. 시야는 점점 좁아지고, 마침내 정신적 어둠이 그를 뒤덮는다. 참된 삶을 살고자 한다면 반드시 자신의 정신적 지평을 넓혀야만 한다. 시야를 넓힐수록 삶은 풍요로워지고, 더 많이 보는 만큼 더 많이 누리게 된다. 오직 자신만을 생각하는 자기중심적인 사람은 다른 이들을 생각할 수 없다.

그리스도로부터 배워야 하는 또 다른 것은 우리의 운명이기도 한, '신성한 운명론'이다. 이것은 어떤 부정적인 상황에서도 좋든 싫든 무력하게 결과를 받아들이는 운명론이 아니다. 신성한 운명론이란, 신이 선하시기에 모든 선한 것을 긍정적으로 받아들이는 태도다.

우주의 창조의 물결은 만물을 움직이게 하며 심지어는 수

십억의 태양들과 별들을 질서와 조화 속에 놓는다. 그 어디에도 이 조화가 깨지거나 충돌하는 경우는 없다. 인간이 자신의 무지나 거만함으로 이 우주의 움직임과 조화를 이루지 않을 때만 문제가 발생한다.

제한된 사고와 흐려진 시야로 인간은 문제를 해결하려 하지만, 그가 발견하는 것은 또 다른 문제일 뿐이다. 어떤 문제든지 그것의 진정한 해법은 질서와 조화 속에 있는 우주의 흐름으로 되돌아가는 것이다. 자신이 그 흐름 안에 있음을 마음으로 바라볼 때, 그는 경직된 마음을 깨뜨리고 문제들을 녹여낸다. 대부분의 문제들은 자동적으로 풀리고, 그중 어떤 것들은 신의 인도와 영감을 통해 해결된다. 그러나 마음이 올바른 방향으로 나아가지 못하고 잘못된 생각에 묶여 있다면, 그 문제가 개인적이든 국가적이든, 헛된 노력만을 하게 될 것이다. 감염된 상처의 겉만 덮는다고 해서 치유가 되지 않는 것처럼, 문제는 곧 다른 자리에서 다시 터지고 만다.

그리스도는 말씀하셨다.

"공중의 새들을 보라. 그것들은 씨를 뿌리지도 않고, 거두지도 않으며, 곳간에 모아두지도 않는다. 그러나 너희 하늘나라의 아버지께서 그들을 먹이신다. 너희가 그들보다 귀하지 않느냐?"

예수 그리스도는 "너희가 그들보다 귀하지 않느냐?"라고 강조했다. 저 공중의 새들로부터 우리는 믿음과 신뢰의 교훈을 배울 수 있지 않은가? 단지 마음을 우주의 흐름에 맡겨라. 걱정을 놓아버려라. 이 광대한 우주를 움직이게 하는 신의 섭리가 당신을 이끌 것이다.

그리스도가 말씀하신 신에 대한 계시는 두 가지 뚜렷한 목적을 가진다. 첫째, 서로 다른 신 개념으로 인한 종교적 마찰과 갈등을 없애는 것. 둘째, 과거의 엄격한 종교적 수행이나 고행을 단순한 기도와 신과의 영적 교감으로 바꾸는 것이다.

모든 사람에게 공통된 요소는 그들 안에 살고 있는 영, 즉 내재하는 신에 있다. 누구나 이 신을 자유롭게 받아들일 수 있으며, 모든 이에게 내재하고 있기에 이를 통해 다른 이를 공격하거나 배제할 수 없다.

그리스도의 가르침에 따르면, 신과의 교감을 얻기 위해 격렬한 종교적 수행이나 화려한 의례를 행하는 것은 인간이 신보다 더 강하다고 인정하는 것이 된다. 신이 인간과 모든 만물을 자신으로부터 창조하셨다면, 당연히 인간의 구원 또한 이루실 수 있다. 인간에게 필요한 것은 오직 신의 구원의 힘을 신뢰하고 믿는 것뿐이다. 흐린 창유리를 뚫고 들어오는 햇빛처럼, 신의 빛나는 현존은 인간의 어두운 마음을 밝힐 수 있다. 인간이 자아를 포기하고 자신의 에고라는 그림자를 거둬낸다면, 그의 마음은 신의 창조적 빛으로 가득 채워질 것이다.

그리스도 가르침의 핵심은 언제나 신이 우리를 돕고 있다는 것이다. 인간의 눈먼 지성으로 그분에게 대항하려 하지 말라. 신은 우리에게 선과 악, 조화와 부조화 사이에서 선택할 수 있는 자유의지를 주셨다. 어떤 행동을 하든지, 오직 나만이 그 결과에 대한 책임을 질뿐이다.

위대한 스승이 이 땅을 떠난 뒤 수세기 동안, 제자들은 그분의 가르침을 완벽하게 실천했다. 그러나 암흑의 시대가 오면서 위대한 스승의 모든 유산과 가르침이 완전히 소실되었을 뿐 아니라, 진정한 그리스도 가르침의 실천 역시도 사라졌다. 새벽이 다시 밝아오자, 그리스도의 세계는 새로운 힘으로 꿈틀거리며 되살아났다. 그러나 이 새 아침은 새로운 요소와 함께 등장했다. 그것은 다름 아닌 실증주의 과학이라고 알려진 것이다.

과학이 성숙했을 때, 수많은 지성인들과 사상가들이 과학의 편에 섰다. 그들은 모든 교리, 도덕, 종교적 가르침을 분석하고 합리화하기 시작했다. 만약 어떤 이야기들이 자신들의 이성과 부합하지 않는다면 미신이라 여기면서 다시는 볼 가치가 없다고 생각했다. 심지어 그들은 예수 그리스도가 말씀하신 우리 안에 거하는 신이란 단지 하나의 미신이자 허상의 산물이라고 생각했다. 이 거친 이성의 잔치에 제동을 걸 근본적인 무언가가 필요했다. 그래서 새 메시아적 메시지가 등장했다. 그것은 바로 그리스도가 계시한 신을 증명하기 위함이었다.

뉴 메시아닉 메시지는 이렇게 말한다. 당신이 이성적으로 사고할 수 있게 만든 권능은 당신의 이성보다 더 크다. 당신이 상상할 수 있게 만든 권능은 당신의 상상력보다 더 크다. 당신이 철학적으로 사유할 수 있게 만든 권능이 당신의 철학보다 위대하다. 철학은 변화될 수도 있지만 철학적으로 사유할 수 있게 만든 권능은 변하지 않은 채 영원하다.

"신은 나의 생명이다"라고 생각할 수 있게 만든 당신의 권능이 진정한 우리의 생명이고, 모든 관념을 초월해 있다. 이 권능이 우리의 몸과 마음을 살아있게끔 생명을 불어넣고 있다. 그리스도는 바로 '그것'을 우리 안의 '내재한 영', 즉 '살아 움직이게 하는 권능'이라고 불렀다.

심지어 이 권능의 존재를 부인하려 해도, 그 부정마저도 이 권능 없이는 불가능하기에 결국 그 존재를 인정할 수밖에 없다. 따라서 이 권능은 모든 논쟁이나 부정, 모든 확언에 앞서 존재한다. 그것이 바로 우리 내면의 '스스로 존재하는 실재(Self-existing Principle)'이다. 모든 사람이 동의할 수 있는 진리이지만, 과거의 낡은 사상을 버리고 새것을 받아들일 용기가 필요하다. 그리스도는 말씀하셨다.

"새 포도주를 낡은 가죽 부대에 넣지 말라. 그렇게 하면 부대가 터지고 포도주도 잃게 된다. 새 포도주는 새 부대에 담아라."

사람들 모두 자신이 믿는다고 스스로 인정한 그 '실재' 위에 확고히 서 있어야만 한다. 그 누구도 자신이 소유하지 않은 진리의 빛을 남에게 나눠줄 수 없다.

[참조] 모든 종교는 진리에 기초한 일정한 사상으로부터 생겨났다. 그러나 사람들은 각자의 정신적, 영적 성숙 단계에 따라 진리를 다른 의미로 받아들인다. 뉴 메시아닉 메시지는 다양한 종교 사상들 배후의 '근원적 실재'를 드러내기 위해 창설됐다. 그것은 모든 종교적 사상을 만든 '권능'이기도 하다. 이 진리를 받아들인다면 우리는 마음을 열어 모든 종교를 관대하게 대할 수 있다. 그러나 단순한 관대함만으로는 충분하지 않다. 지적인 이상을 넘어선, 만물과 더 깊은 일체와 교감을 이루는 영적 이해가 필요하다. 그것은 우리 안에 뿌리내린 자만과 편견을 뽑아내는 데 꼭 필요한 깨달음이다.

그러므로 어떤 단체를 창설하기 위해 단체를 만들지 말고, 전체를 아우르는 '근원적 실재'를 널리 알리기 위해 만들라. 우리가 이 책에 기록한 것은 발전하는 것이지 최종적인 것은 아니다. 후세의 진리 탐구자들은 우리가 지금까지 밝힌 우주의 신비를 넘어서는 것을 깨닫고 증명하고 드러낼 것이다. 그러므로 언제나 지금의 한계를 넘어 더 넓은 비전을 지향하라. 다만, 변화할 의지가 없는 사람을 억지로 바꾸려 하지 말라. 진정한 변화는 언제나 스스로의 내면에서 비롯된다. 마음의 평화를 간직하고 준비된 자들을 불러라. 누군가가 아직 깨닫지 못한 것을 억지로 실천하게 만들거나 그 방식대로 살도록 강요해서는 안 된다.

우리는 지금 실증적 과학의 시대에 살고 있다. 그러므로 사람들에게 신에 대한 믿음을 심어주기 위해 기독교 형이상학을 실험적 기반 위에 세우는 것이 적절하다. 자신이 느끼고 경험하는 것보다, 믿음을 심어줄 수 있는 것은 없다. 다음은 직접 실험해 볼 것들이다. 이를 실행한다면 마음에 받아들인 것이 어떻게 차츰 현실이 되는지 알게 될 것이다.

우리가 처음 실험해 볼 것이다. 만약 질병이나 노화로 인해 정신적 활력이 저하되었다면, '신의 빛나는 현존'이 마음을 밝히고 있는 것을 상상하라. 그런 후에 '빛나는 현존'이 반복해서 다음과 같이 말하게 하라.

"나는 그대에게 생명을 불어넣는 '권능'이다. 내가 없다면 어떤 활동도 하지 못한다. 내 창조의 에너지를 흡수하여 활기를 얻어라."

그 후, 마음이 대답하게 하라.

"당신의 창조 에너지의 빛을 흡수하여 활기를 얻게 되었습니다."

어떤 느낌이 일어났다면 마음을 쉬게 하라. 대부분의 사람들은 마음의 활력을 잃을 때 희망과 열망까지도 잃는다. 또한, '편재하는 신의 빛나는 현존' 안에 모든 생명체의 씨앗이 영원히 존재한다는 사실을 잊지 말라. 신의 창조적 에너지를 받아들인다는 것은 곧 '생명의 질료'를 받아들이는 것이다.

[참조] 도움이 되는 암시.
'신의 권능의 빛'은 태양처럼 우리의 몸과 마음을 내리쬐고 있다. 마음을 활짝 열어 그 빛을 흡수하라. '신의 빛'이 우리를 관통하며 몸과 마음을 씻어내는 것을 상상한다면 그것은 영적인 샤워를 하는 것과 같다.

실험해 볼 두 번째 것이다. 질병에 대한 생각을 지우기 힘들다면 '신의 현존'으로 마음을 밝힌 후, 원하는 모습의 자신을 상상하라. 즉, 원하는 모습을 하고 있는 나를 창조해서 그 모습을 분명히 보라. 이것이 얼마나 큰 효과를 가져오는지 곧 알게 될 것이다.

세 번째 실험이다. 자신에 대해 너무 많은 신경을 쓰면서 좌절과 자기연민을 경험했다면 우선 '신의 현존'으로 마음을 밝힌 후에 원하는 일을 하는 것을 상세하게 상상하라. 그렇게 한다면 좌절감을 치유할 수 있을 뿐 아니라, 실제로 원하는 일을 하는 데에 필요한 자질들이 계발될 것이다. 바깥세상에서 내가 되고자 하는 역할을 내면세상에서 현실감 있게 하라. 그러면 그것은 얼마 가지 않아 현실로 나타날 것이다.

바깥에서 하고 싶은 일이 있다면 내면의 행위와 일치시켜야만 한다. 큰 꿈을 꾸지만 정신적으로 게으른 사람들은 나중에 좌절감을 많이 겪게 된다. 신은 당신이 진심으로 열성적으로 노력하는 모든 일에서 성공하기를 원한다. 신과 협력하며 과감히 당신의 운명을 향해 나아가라. 그러면 반드시 성공할 것이다.

다음 네 번째 실험이다. 만약 말을 잘 하지 못한다면 우선 당신 안에 내재한 신이 당신이 유창하게 말하기를 원한다는 것을 알라. 홀로 고요한 곳에 앉으라. 눈을 감고, '신의 빛나는 현존' 안에서 상상 속의 인물과 유창하게 대화를 하라. 며칠간 눈을 감은 채 연습한 뒤에는, 이번에는 실제로 목소리를 내어 그 상상의 인물과 유창하게 대화하라. 그러면 감각신경이 빠르게 돌아가면서 막힘없이 표현할 수 있다는 것을 깨닫고 놀랄 것이다. 믿음을 얻는 순간 어떤 것도 막을 수 없다. 이 실험은 지금까지 많은 사람들이 성공했다. 단, 한 가지 제안이 있다. 이러한 상상의 훈련은 다른 이들과 논의하지 말라. 심리적인 이유 때문이다.

다섯 번째 실험이다. 젊은 자신의 모습을 설정하라. 하지만 어느 정도 스스로 그 나이를 납득할 정도여야 한다. 그리고 그 정신적인 영상을 간직한 채 마음속에서 그것에 맞춰 행동하라. 우리 안에 거하는 신성한 자아가 우리에게 이렇게 말하게 하라.

"나는 그대가 젊음을 나타내도록 돕고 있다. 나는 그대의 몸과 마음을 보호하고 유지하는 권능이다."

당신은 대답한다.

"주여, 저는 그것을 인식하고 있습니다."

이 실험의 성패는 당신의 믿음, 마음속 영상, 그리고 그것에 맞춰 행동하는 데 달려 있다. 그러므로 당신이 이성적으로 납득할 수 있는 나이를 그리기를 바란다. 나이에 맞게 늙어간다는 생각은 인류의 잠재의식적인 믿음과 기대, 무의식에 새겨진 영상에 기인함을 잊지 말라.

정리하자면, 우리의 몸을 이루는 원자 구조는 매우 유동적이어서 우리의 상상과 믿음, 그리고 인식에 따라 형태와 조건을 취한다. 지금까지도 우리가 의식적·잠재의식적으로 받아들인 것들이 몸과 마음의 외피를 형성해왔다. 그러므로 날씬해진다는 자신을 현실처럼 상상한다면 몸은 정말 날씬해질 것이다.

어떤 것에 대한 절대적인 믿음, 특히 신에 대한 믿음은 엄청난 양의 원자적 에너지와 초의식적 에너지를 방출한다. 따라서 우리가 믿는 어떤 행동이나 생각이 몸을 활기차게 할 것이라고 확신한다면, 그 믿음은 실제로 원자적 에너지와 초의식적 에너지를 방출하여 몸에 활력을 불어넣을 것이다. 또한 잠재의식의 장벽이 사라지면 더 많은 것을 흡수할 수 있는 힘이 커진다. 마음은 홀로 작동할 수 없고 언제나 더 높은 힘의 자극이 필요하다. 당신이 어떤 일이 불가능하다고 믿는 한, 그 믿음이 항상 당신을 제한한다. 그 한계를 극복하려면 더 높은 힘의 도움이 필요하다. 인간은 상상의 산물일 뿐만 아니라 믿음의 산물이기도 하다. 따라서 당신이 상상하고 믿는 만큼 당신은 성취할 수 있다.

여섯 번째 실험이다. 우리가 먹는 음식은 본래 매우 높은 진동의 질료로 이루어졌다는 것을 알라. 우리가 그것을 소화시켜서 자연스럽게 원자 에너지를 발산시킬 때 우리의 육체를 유지시킬 수 있다. 그런데 우리는 상상력, 이미지, 믿음을 이용해서 음식의 원자 에너지의 방출을 촉진시킬 수 있다.

현실에서 이것을 적용하고자 한다면 음식을 소화시킨 후에 이완하라. 그리고 소화기관 배후에서 활동하는 권능인 신이 음식을 작게 부수어 원자 에너지로 만들고, 그것을 몸 곳곳으로 배분하며 몸이 그 에너지를 흡수하는 것을 상상하라. 몸의 형체와 구조를 유지하기 위해서는 음식과 물이 필요하다. 그러나 그것이 전부는 아니고 막힘없이 흐르는 우주 에너지도 필요하다. 따라서 몸이 온전하게 그 기능을 다 하기를 원한다면 '신의 빛나는 현존'으로부터 '신의 창조 에너지'를 흡수해야만 한다. 현대 과학 역시 음식의 양보다 질이 더 중요하다고 말한다.

일곱 번째 실험이다. 혹시 형이상학을 깊이 공부하지 않았더라도, 상상의 법칙을 알고 싶다면 이 실험을 해보라. 상상력을 자극할 뿐 아니라 실제적이고 효과적인 결과도 얻을 수 있다. 공간은 무수한 생명 에너지로 가득 차 있다. 그리고 우리의 피부는 수백만의 모공을 통해 호흡한다. 이제 깊은 호흡과 함께 수백만의 모공들이 이런 대기의 에너지를 흡수하는 것을 상상하라. 이것을 해본다면 육체가 생명력으로 충만해지는 것을 느끼게 될 것이다. 아주 편안한 자세로 이 에너지를 흡수하라.

[참조] 그리스도에 대해 어떤 생각을 갖고 있든, 기억해야 할 것이 있다. 그 어떤 신화적 인물도 산상수훈처럼 장엄한 설교를 전한 적은 없다. 그것을 거듭해서 읽어보고, 그것을 능가하는 강의가 있는지 살펴보라.

우리의 생명은 두 가지 모습이 있다. 하나는 인간적 측면이고 다른 하나는 신성의 측면이다. 우리는 늘 인간으로 활동하는 모습에만 익숙해져 있지만, 모든 영감과 해결책, 새로운 생각과 사상이 솟아나는 것은 바로 신적인 측면이다. 우리의 신성한 측면은 언제나 우리를 도우려고 한다. 우리가 그것을 믿고 상상하며, 그 믿음 위에서 마음을 놓아버릴 때, 도움은 반드시 찾아온다. 이것을 의식적으로 인식하는 것만으로도 내면의 신성함과 외부의 혼란함 사이의 장벽은 제거될 수 있다. 신성은 조화로운 정신적 흐름을 따라 우리를 올바른 자리에 데려다 놓으며, 그 흐름을 따른다면 결코 길을 잃지 않는다. 자주 그 신성이 우리에게 들려주는 음성에 귀 기울여라. 그러면 자유와 힘, 그리고 기쁨을 얻게 될 것이다.

우주의 근원적 실재가 모든 존재와 사물 안에서 두 가지 측면으로 나타나는 것처럼, 모든 존재와 사물에도 외적인 모습과 함께 그 배후의 '현현자(Manifestor)'가 있다. 따라서 우리는 신성한 측면이 우리를 돕는 모습을 상상할 수 있다. 다만 인간 세계에 사는 우리는 그 신성한 활동을 부분적으로만 인식한다. 이런 명상은 인류에게 실질적으로 유익하기 때문에 적어도 이 부분만큼은 주의 깊게 살펴야 한다.

일상생활을 하면서 진리를 실천할 수 있는 가장 간단한 방법이 있다. 일하거나 놀거나 휴식을 취할 때 우리에게는 두 명의 자아가 있는데 이 둘은 분리되지 않고 함께 있다고 생각하는 것이다. 하나는 인간이고 다른 하나는 신성이다. 하나가 음식을 먹고, 자고, 즐기고, 때로는 고통받고, 그리고 어딘가를 가거나 무언가를 얻기 위해서 고군분투할 때 다른 하나는 영원히 자유롭고, 영원히 활동하고, 영원히 깨어있고, 영원히 보고 있고, 영원히 우리 안에서 인류를 돕고 있다. 일에 열중하고 있을 때에도 우리의 '영적 파트너'는 항상 함께 일하고 있다. 어떤 잘못된 결정을 할 때면 '영적 파트너'는 우리에게 불편한 감정이란 형태로 경고를 준다.

우리는 우리보다 더 강하면서 우리와 또 분리되지 않은 파트너이자 보호자인 '신성'과 언제라도 대화를 나눌 수 있다.

신성에게 선한 일을 부탁하라. 그러면 신성은 우리를 위해 그 일을 할 것이다. 세상은 투쟁과 애씀으로 덮였지만 우리 내면의 신과의 동반자 관계와 일체감은 우리에게 최상의 안정과 용기를 주고 인생의 풀기 힘든 난제들을 해결해 줄 것이다.

[참조] 기억하라. 우리가 신의 인도 아래에서 일하든, 신이 직접 우리를 위해 일하든 결과는 같다. 중요한 것은 신을 모든 존재와 사물 배후의 유일한 권능으로 인식하는 것이다. 그리스도는 말씀하셨다.
"아버지께서 일하시니 나도 일하노라."
우리 인간은 초의식의 신이 자의식을 가진 존재로 표현된 것이다. 우리는 그분의 잠재성 속에서 나타난 현현이다. 부정적인 상황을 극복하기 위해서 인간적인 의지뿐만 아니라 '진리'를 사용해야만 한다. 그 진리는 이것이다. 우리는 초의식의 생명력을 지닌 존재이므로 어떤 부정적 조건에도 본질적으로 영향을 받지 않으며, 그 초의식의 권능은 언제나 우리를 돕고 있으며, 부정적인 상황이나 질병이 우리보다 작아지는 순간, 그것은 점차 사라진다는 것이다.

Miracles of Agreement

합심의 기적

그리스도는 말씀하셨다.

"네가 길을 가는 동안에 대적과 함께 있다면 속히 화해하라. 그렇지 않으면 대적이 너를 재판관에게 넘기고, 재판관은 간수에게 넘겨 감옥에 가둘 것이다."

또 이렇게도 말씀하셨다.

"너희 중 두 사람이 합심하여 무엇이든 구하면, 하늘에 계신 내 아버지께서 이루어 주실 것이다."

만약 외부의 강요나 압력이 아니라, 자발적인 마음으로 누군가와 뜻을 모아 긍정적인 일을 하기로 합의한다면 서로에게 유익한 방향으로 이루어질 것이다. 두세 사람이 선하고 생상적인 목표를 위해 자연스럽게 또 다른 무언가에 이끌린다면 그들이 하는 일이 무엇이든 평온함 속에서 효율적으로 이루어질 것이고, 그들이 무엇을 소망하든 행복한 기대감 속에서 이루어질 것이다.

가장 먼저 기억해야 할 것은, 당신의 모든 긍정적인 소망이 신의 소망이라는 사실이다. 이 소망은 처음부터 인간의 본성 안에 심어져 있다. 다음으로 기억해야 할 것은, 창조주의 본성 안에는 그 소망을 성취하기 위한 준비가 이미 이루어져 있다는 점이다. 당신의 신성한 소망은 다른 이의 신성한 소망을 결코 침해해서는 안 된다. 그러나 만약 두 사람의 소망이 서로 일치한다면, 그 성취는 함께 누릴 것이며 그 순간 이렇게 주께 고백할 수 있다.

"저의 소망은 당신의 소망입니다. 그리고 그것을 성취하는 것은 당신의 영원한 계획과 일치합니다. 인간과 신성은 하나이며, 제가 당신 안에서 누리는 것은 곧 당신의 기쁨입니다."

순수한 마음으로 합심해 건강과 기쁨과 행복을 증진시키려는 일은 무엇이든 신성하다.

존재하지도 않은 것은 누릴 수도 없기 때문에 우리가 무언가를 누리기 위해서는 우선 하나의 대상이 필요하다. 하지만 그것으로는 족하지 않다. 뜻이 달라 맞지 않는다면 그것을 누릴 수 없다. 종종 어떤 음식이 나와는 맞는다는(agree with : 합심하다) 이야기를 할 때가 있는데, 이것은 무슨 뜻인가? 잠재적으로 그 음식을 잘 받아들인다는 뜻이다. 어떤 음식을 좋아하긴 하지만 나와 맞지 않은 것들이 있는데, 이 음식들을 나와 맞게(agree with) 만드는 방법은 없을까? 잠재의식을 통해 직접 위장에 명령하지 않고도, 다른 방법으로 같은 결과를 얻을 수 있다.

좋아하는 음식을 우선 인격화시켜본다면 대화를 나눌 수 있는 기초가 마련된다. 그 다음에 서로를 좋아한다고 대화를 나눈다. 그 후에 당신과 인격화시킨 음식이 서로 잘 맞는 것을 상상한다. 이런 방법을 처음 접해보는 학생들은 이런 방법을 매우 혼란스러운 넌센스로 받아들일지도 모른다. 하지만 그런 행위를 하는 이유를 알게 된다면 그들 역시 복잡한 인간의 구조를 잘 다루기 위해서는 다른 접근방식이 필요하다는 것에 동의하게 된다.

어떤 사물을 인격화시키고 그것과 대화를 나눈다면 마음을 자극할 수 있다. 그렇게 마음이 자극되면 마음의 이미지를 강렬하게 만들 뿐 아니라 몸에서도 일정한 화학적 반응이 일어난다. 예를 들어 악한 생각과 이기적인 생각으로 마음을 자극한다면 몸 안에서는 독소가 분비되며, 행복한 생각과 신성한 생각으로 마음을 자극한다면 우리 안에서 일정한 치유의 물질을 만들어낸다. 그러므로 우리의 일상적인 행동, 생각과 다양한 표현들 안에서 만약 이런 합심의 법칙을 실천한다면 놀라운 결과를 얻을 뿐 아니라 기쁨과 행복을 얻을 것이다.

다만 한 가지 유념해야 한다. 어떤 것이든 당신의 정상적인 본성에 맞을 때만 사용하라. 당신의 정신적 끌림이 없는 것은 사용하지 말라. 사람들은 자신의 본성이 받아들이지 못하는 것을 억지로 받아들이려고 할 때 심각한 반응을 겪는다. 음식 같은 경우라도, 당신이 다른 사람에게 그런 강요를 한다면 독이 될 것이고, 그 반대도 마찬가지이다.

인류는 육체적, 정신적 진화를 하고 있다. 만약에 다른 사람들에게 당신이 좋아하는 것을 강요한다면 그들의 정상적인 진화를 방해해서 그들의 마음을 불안정하게 만든다. 자신의 본성과 어긋나지 않는다면 풍성함과 번영을 누리게 된다. 당신에게는 상대방이 무엇을 먹어야 하는지 무엇을 마셔야 하는지에 대해서 당신의 뜻을 관철할 권리가 없다. 그리스도는 이렇게 말씀하셨다.

"그래서 무엇을 먹어야 하는지 무엇을 마셔야 하는지 무엇을 입어야 하는지 걱정하지 말라. ... 하늘의 아버지께서 네게 필요한 모든 것을 알고 계시기 때문이다."

마음을 신에게 두고 그로부터 주어지는 정신적 평화의 흐름을 따른다면 적절한 시기에 적절한 것을 발견하게 될 것이다. 그렇게 하면 본성을 거슬러 자신이나 타인을 억압하는 잘못을 저지르지 않는다. 인위적으로 자신이나 타인을 제한하고 구속한다면 정신착란이나 정신병을 일으킨다. 병원에 가 보면 환경에 적응하지 못해서 정신착란을 일으킨 많은 사람들을 볼 수 있다. 스스로를 남보다 더 위대하다거나 신성하다 여기며 타인을 억누르는 태도는 정신병에 임박했다는 신호이다. 영성이란 이름으로 타인의 뜻을 강요하는 사람은 위험하다. 그러나 그 사람에게, "당신은 종교적인 사이코패스이고 병을 앓고 있다"고 설득할 수도 없다. 그러나 불행히도 연약하고 미신적이며 무지한 다수는 그의 광적인 열정을 위대한 영적 힘으로 착각하고 따르기도 한다.

배고프지도 않은 사람에게 억지로 먹으라 강요하거나, 마음이 내키지 않은 이에게 억지로 기도하라 강요하는 것은 부자연스러운 일이다. 영적인 이유라 하더라도 누군가에게 어떤 행위를 강요한다면 그 사람을 불균형한 상태로 만들 뿐 아니라, 오히려 반발심리를 일으켜 존경의 마음마저 사라지게 한다. 그러므로 반드시 정상적이고 분별 있는 생각과 이상을 존중하고 균형 잡힌 상태를 유지하는 법을 배워야 한다.

한 가지 주제에만 몰두하여 다른 것은 아예 돌아보지 않는다면, 그 사람은 결국 편집증에 사로잡히게 된다. 이런 편집증 환자는 내가 굳이 말할 필요도 없이 균형이 깨진 사람인 것은 확실하다. 자기 절제를 위해 규율을 세우는 것은 개인의 자유다. 다만 그것을 다른 이에게 강요하지만 않는다면, 설령 인간 본성과 완벽히 조화를 이루지 못하더라도 위험한 광신

자가 되지는 않는다.

대개의 사람들은 자신들이 믿기 원하는 것만을 믿고 산다. 그 믿음에 어떤 이성적인 기반은 존재하지 않는다. 그 믿음을 잘 살펴봤을 때 그것들 안에는 천성적인 충동과 유년기의 기억, 좌절, 그리고 많은 억압된 감정들로 이루어졌다는 것을 발견하고는 깜짝 놀라게 된다. 그런데도 우리는 이런 부조화로 형성된 믿음을 상대방에게 관철시키려 한다. 그럼에도 불구하고 사람은 자신과 의견이 다르면 쉽게 불편해하고 싫어한다. 그러므로 타인에게 명령하거나 패배감을 안겨주거나 굴욕을 주는 행위를 해서는 안 된다. 아무리 영성의 이름으로 어떤 자리에 서거나 어떤 행동을 한다 해도, 우리는 여전히 부풀려진 자아를 지닌 평범한 인간일 뿐이다.

이 우주는 우리의 속박된 에고에 비한다면 너무나 크다. 우주와 우리 인간을 비유해본다면 우리는 지금 우리가 미생물이라고 생각하는 것만큼의 크기일 것이다. 그러니 우리가 감히 신의 역할을 하려고 남들을 강요하면서 인간의 정상적인 본성의 진화를 방해하려 하지 말라. 영성이란 이름으로 동료를 억압하거나 종처럼 다루지 말고, 다만 그들이 스스로 일어서도록 도와라. 서로의 애정과 합의를 통해 교제할 때, 우리의 마음과 몸은 서로에게 유익한 힘을 방출하며 우리는 더욱 활력을 얻게 된다.

신은 우리에게 그분의 뜻을 따를 수 있는 의지력을 주셨다. 그러니 온 마음을 다해 신과 뜻을 일치시키고, 우리에게 끊임없이 쏟아지는 생생한 치유의 빛을 받아들이라. 이 우주의 영약은 어떤 질병보다 훨씬 강력하다. 이것을 깨달으면 질병은 사라질 것이다. 육체가 정상적으로 활동하도록 우리의 몸과 뜻을 일치시키고, 마음이 활발하고 생기 있게 되도록 우리의 마음과 뜻을 일치시키고, 평화와 풍요가 머물도록 신의 평화, 신의 풍요와 뜻을 일치시켜라. 그러면 우리는 행복과 자유를 누리게 될 것이다.

무엇보다도 신과 뜻을 함께하여 그분이 우리를 유혹과 나약함, 그리고 과거의 잘못에서 벗어나도록 인도하시게 하라. 우리의 모든 욕망과 열망은 본래 신에게 속한 것이므로, 그것을 신께 돌릴 때 신은 그 모든 열망을 성취케 하실 것이다. 이 새로운 시대에는 우리가 고상하고 윤리적이고 영적인 기준으로 우리의 일들을 하는 한, 영적인 일과 상업적인 일의 구분은 존재하지 않는다. 우리의 모든 인간적인 표현을 영적인 표현으로 변화시키라. 그것이 곧 신의 표현이다. 우리가 하는 모든 일을 신께 속한 것으로 믿고 그 뜻과 조화를 이룬다면, 모든 일은 자연스럽고 순조롭게 흘러갈 것이다. 우리의 일을 신의 일로 삼는다면 결코 실패할 수 없다. 그러나 우리가 속임수를 사용해 일을 한다면 그 결과는 반드시 본인에게 돌아온다.

마지막이지만 가장 중요한 말을 하겠다. 우리가 신의 도움을 구하려고 애쓰는 것보다, 신이 우리를 도우려는 마음이 훨씬 크다는 것이다. 이 사실을 깨닫고 신을 맞이하라. 그러면 신의 기적이 우리 안에 나타날 것이다. 신은 우리를 창조하셨고 언제나 우리와 함께 계신다. 신이 이 우주를 보살피시고 있는 것처럼 우리를 보살피려고 하신다. 신은 지금도, 앞으로도, 영원히 우리에게 말하고 계신다.

"행복하게 살아라. 오늘도, 그리고 영원히."

Divine Fatalism and How to Ride with The Angels of God
신성한 운명론 그리고
하나님의 천사들과 함께 하는 법

우리 인간은 참으로 희한한 존재이다. 스스로 뜨겁게 달군 쇠붙이를 움켜쥐고는 고통을 외치며 살려달라 한다. 신의 법칙을 무시해서 고통과 불행을 만들고는, 다시 신을 바라보며 도와달라고 외친다. 우리는 신을 위해 규칙을 만들고 그분께 한계를 씌운 채, 그 한계 안에서만 신이 일하시기를 바란다. 그렇게 만든 교리들을 신이 인정해주시기를 바란다.

우리는 또 우리 동료들의 가슴과 영혼을 들여다보지 않고 그들을 판단하면서, 공정한 신이 우리 잔혹한 마음에 맞게 그들을 벌하시기를 원한다. 그러나 우리의 원초적 충동과 혼란스러운 마음에도 불구하고 신의 빛은 여전히 어둠을 뚫고 들어온다.

아주 길고, 지루한 여정이 지난 후에 우리는 신에게 의지하면 의지할수록 더욱 많은 평화와 힘을 얻게 된다는 것을 깨닫게 된다. 또한 신성한 운명론을 따른다면 위대한 영적인 경지까지 다다를 뿐 아니라, 더 위대한 많은 일들을 할 수 있다는 것을 알게 된다. 신성한 운명론을 따른다는 것은 다른 이들의 평화와 행복은 무시하면서 일시적인 충동과 변덕을 쫓는 것이 아니라, 우리에게 미리 정해진 길을 따르는 것이다. 건설적인 일을 향한 충동이 일어날 때 그것은 곧 우리에게 맡겨진 신성한 운명이다. 신이 예정된 목적지로 우리를 이끄신다고 믿는다면 어떤 것도 우리를 막을 수 없다.

신이 항상 우리 뒤에서 우리가 하는 일을 돕고 있다는 것을 안다면 무언가를 두려워하거나 주저하고 망설일 필요가 없다. 우리가 충동을 받아 어떤 모험에 뛰어든다면 그것은 이미 성공이 예정된 일이다. 믿음을 꽉 붙잡고 그것에 맞춰 행동한다면 한 인간으로서 겪는 걱정과 두려움은 사라진다. 신이 우리의 편인데, 과연 누가 우리에게 대적하겠는가? 신이 우리 편이시라면, 그 누구도 우리를 대적할 수 없다. 적어도 우리는 그 누구도 우리를 대적하지 않는다고 믿을 특권을 가지고 있다. 누군가가 우리에게 의도적으로 대항하려 한다는 것을 알아차렸다면 우리는 신을 통해서 그에게 조화와 평화의 메시지를 보내야 한다. 신은 조화, 평화, 질서를 전하는 가장 위대한 메신저이다.

나는 신에게 이렇게 기도한다.

"주여, 제 마음은 인간이란 나약함과 한계로 가득합니다.

그렇기에 어떤 사람들은 제 말을 오해할 수도 있습니다. 하지만 당신의 말씀은 절대 오해받지 않을 것입니다. 그러니 제 말을 오해하고 있는 사람들에게 선의, 성공, 행복이라는 이 메시지를 부디 제 대신 전해주십시오."

그렇게 기도한 뒤, 신이 그 메시지를 전하시는 것을 생생하게 상상한다. 그러면 내 마음에는 다시 평화가 찾아온다. 대부분은 상대방도 그 메시지를 전해 받고 나에 대한 오해를 푼다. 신성한 운명은 내게 이렇게 말한다.

"그 메시지가 잘 전달되는지 계속 지켜보며, 시간 낭비를 하지말라."

그래서 나는 뒤돌아보지 않고 내면에 거하시는 나의 하나님 아버지의 도움을 받아 내게 주어진 또 다른 일들을 계속해 나간다.

어떤 위대한 일을 하고 싶은 충동이 일어나는가? 그렇다면 주저하지 말고 실행하라. 자신에게 비밀을 단단히 잠그고 신의 권능이 자신을 이끄시고 있음을 느껴라. 어떤 악조건 속에서도 고요하게 앉아 신에게 자신을 이끌어달라고 기도하라. 선입견과 개인적인 의견에 집착하지 않는다면 신이 당신을 그곳에서 건져줄 것이다. 마음의 평화를 깨는 것은 무엇이든 올바른 일이 될 수 없다. 걱정과 근심으로 가득한 길은 올바른 길이 아니다. 이 간단한 규칙을 따르라. 그러면 올바른 것과 올바른 길을 찾는 데에 어려움이 없을 것이다.

신의 명령을 받아들이는 것보다 더 어려운 일은 자신의 변덕과 고집을 포기하는 것이다. 그러나 초의식의 아버지(Super-conscious Father)에게 자신을 내맡긴다면 이런 어려움도 극복할 수 있다. 앞을 가로막고 있는 장애물을 치우지 않는다면 건널 수 없다. 하지만 걱정하지 말라. 당신이 갖고 있는 모든 어려움은 당신 안에 거하시는 신에게 그 일을 맡긴다면 사라져버릴 것이다.

하루는 젊은 청년이 내게 물었다.

"저는 이 메시지를 세상에 전하고 싶은 강한 충동을 느낍니다. 제가 그렇게 나아가도 괜찮을까요?"

나는 대답했다.

"누가 당신을 막을 수 있겠습니까? 왜 그런 질문을 저에게 하시나요? 만약 신을 찾았다면 당신이 가야하는지 가지 말아야 하는지 그 누구에게 물을 필요가 없습니다. 하기로 예정된 일들은 당신이 하게 될 것입니다. 신이 당신 앞에 문을 열어주실 것이고, 당신은 그저 신의 천사들과 함께 그 문으로 들어가면 됩니다."

젊은이는 말했다.

"이제 알겠습니다. 언젠가는 선생님께도 제 소식이 전해질 수 있기를 바랍니다."

나는 반드시 그의 소식을 듣게 되리라 확신한다. 그의 눈빛 속에서 반짝이는 광채와 영혼의 불길을 보았기 때문이다. 그런 사람을 막을 수 있는 것은 아무것도 없다.

나는 가르치고 설교하며 치유하기를 원하면서도 정작 자기 자신을 확신하지 못하는 사람들을 자주 만난다. 그들은 누군가 나타나서 자신들에게 영감을 주거나 이끌어주고 밀어주기를 원한다. 나는 그들에게 말한다.

"만약 당신이 줄 메시지나 전달할 깨달음이 없다면, 모험에 나설 자격이 없습니다. 단지 지식적인 앎과 사람들로부터 존경을 받고자 하는 큰 욕망만으로는 그 일을 계속 해나가지 못할 것입니다. 잘못된 방법으로 성공하려 애쓴다면 스스로를 지치게 만들 뿐입니다. 자신을 내려놓고 신과 당신의 신성한 운명을 완벽히 믿는 법을 배웠을 때에야 비로소 준비가 된 것입니다."

만약 신과 교감할 수 있다면 어떤 곤경에 처하더라도 걱정하지 않는다. 고요히 앉아서 신에게 요청한다.

"주여, 다음은 무엇입니까? 이곳에서 어떤 길을 택해야 합니까?"

평화로운 마음을 가진 이에게는 올바른 대답이 주어진다. 올바른 대답은 항상 평화와 영의 기쁨과 함께 찾아온다.

무언가를 하고자 하는 사람에게는 두 부류가 있다. 하나는 자기 힘으로 결과를 만들어내려는 사람이고, 다른 하나는 이미 자신을 위해 준비된 분명한 결과를 향해 나아가는 사람이다. 신성한 운명을 따르는 이는 그 예정된 결과를 향해 일하며 신께 자신을 이끌어달라고 기도한다. 그러면 그의 일은 쉬워지고 짐은 가벼워진다.

친구가 필요하다면 친분을 쌓기 위해 노력할 필요가 없다. 단지 해야 할 일이란 오직 자신을 위해 미리 예정된 사람을 찾는 것뿐이다. 혹은 신에게 그 사람을 데려다 달라고 기도할 수도 있다. 원하는 것이 있다면, 그것을 억지로 만들기보다는 이미 신 안에 존재하는 것을 찾아내는 것이 더 쉽다. 실상 모든 것은 존재해야만 우리가 그것을 바랄 수 있다. 모든 것은 신 안에 있으므로, 신 안에서 미리 정해진 친구들과 사물들을 쉽게 찾을 수 있다. 신의 축복을 얻었다면 불평하지 말고 감사함을 느껴라. 그러면 더 많은 축복이 주어질 것이다.

[참조] 당신의 가장 큰 신비는 상상할 권능이 없다면 어떤 것도 상상할 수 없다는 것이다. 따라서 이 권능이 할 수 있다고 당신이 상상하

고 믿는다면, 그 권능이 당신을 위해 그 일을 하게 된다. 이것은 마음의 램프에 갇혀 있는 지니이다. 당신이 원한다면 그것은 어떤 역할이든 맡을 수 있다. 당신의 상상과 믿음에 따라 빠르게도, 혹은 더디게도 일한다. 그 권능은 당신이 개성을 초월한 존재로 상상할 수 있다면 그렇게 나타날 수도 있고, 개성을 지닌 존재로 상상할 수 있다면 그렇게 나타날 수도 있다. 그러니 선하고 긍정적인 일이라면 온 영혼의 힘을 다해 이 권능에게 맡기라. 그 권능이 그 일을 즉시 한 것을 마음으로 보라. 그러면 그것은 결코 당신을 실망시키지 않을 것이다.

이 메시지를 전하거나 가르치고 싶다는 충동을 느끼는가? 만약 그렇다면 망설이지 말고 바로 뛰어들라. 당신이 주려고 하는 것은 이미 신 안에 존재함을 깨달아라. 두려움을 버려라. 내면에 거하는 신에게, 당신을 위해 그것을 전달하도록 요청하라. 무언가를 나타내고자 하는 충동이 들었다면 결코 망설이지 말라. 그러면 점차적으로 당신의 마음은 어떤 막힘도 없는 투명한 매개체가 될 것이다.

시작할 때는, 일상에서 쓰는 단순한 언어를 사용하라. 그러면 당신의 생각은 스스로 그 표현 방식을 찾아낼 것이다. 당신이 그 메시지를 전할 때는 학술적인 화려함을 피하고, 모든 사람이 이해할 수 있는 언어를 사용하라. 항상 내면에 거하는 신에게 마음의 시선을 두고 신으로부터 말씀이 나오고 있음을 인식하라. 신과 당신의 신성한 운명을 믿는다면 어떤 두려움도 없다. 하나님의 천사들이 당신을 둘러싸고 있다. 그들과 함께 나아가라.

My Call
초청의 말

당신이 누구인지에 관계 없이, 그리고 어디에 사는지 관계 없이, 만약 나의 예정된 친구라면 나는 당신을 부르고 있다. 신과 인류애라는 깃발 아래 모이도록 하라. 이 영광스러운 뉴 메시아닉 월드 메시지를 널리 퍼뜨려라. 이것은 당신의 생명이고 당신의 메시지이다. 신이 당신을 축복한다.

PEACE BE UNTO YOU

아주 길고, 지루한 여정이 지난 후에 우리는 신에게 의지하면 의지할수록 더욱 많은 평화와 힘을 얻게 된다는 것을 깨닫게 된다. 또한 신성한 운명론을 따른다면 위대한 영적인 경지까지 다다를 뿐 아니라, 더 위대한 많은 일들을 할 수 있다는 것을 알게 된다.

신은 항상 우리 뒤에 있으면서 우리가 하는 일을 돕고 있다는 것을 안다면 우리는 무언가를 두려워하거나 주저하고 망설일 필요가 없다. 우리가 충동을 받아 어떤 모험에 뛰어든다면 그것은 성공을 예언하는 신의 뜻이다. 그 성공은 이미 예정된 일이다. 믿음을 꽉 붙잡고 그것에 맞춰 행동한다면 한 인간으로서 겪는 걱정과 두려움은 사라진다. 신이 우리의 편인데, 과연 누가 우리에게 대항하겠는가?

주여! 이것은 저의 미완성 교향곡입니다!

저는 단지 부러진 갈대 피리를 불고 있을 뿐입니다.
이것이 제가 할 수 있는 최선입니다. 당신의 완벽한 메시지가 저라는 이 불완전 매개체를 통해 얼마나 잘 전달될지는 알 수 없지만, 당신의 메시지를 전하는 겸허한 메신저가 될 수 있는 이 영광스러운 특권에 감사드립니다.
당신의 완벽한 메시지를 완벽하게 전달할 수 있는 사람은 오직 당신뿐입니다. 이것이 이 작은 항해의 시작인지 끝인지 저는 알지 못합니다. 주여, 제 곁에 계셔주십시오. 저의 작은 배는 끝없는 영원을 향해 항해하고 있습니다. 당신의 영과 용기, 그리고 영감이 필요합니다.
저는 언제나 떠오르는 태양을 향해 나아가고 있습니다. 뒤로 갈 수도, 돌아설 수도 없습니다.

주여! 제 곁에 계셔주십시오. 저와 함께 하소서.
아멘

모줌다, 그리스도와의 대화

2024년 10월 9일 출간

우리의 창조적 상상력과 믿음이 어떤 변화를 가져올 수 있는지 구체적으로 보여주고 있다. 하지만 무엇보다 이 책이 강조하는 핵심 진리는, 우리가 짊어진 모든 짐과 문제를 신에게 맡길 수 있다는 것이다. 신은 우리의 삶 속에서 항상 함께하며, 우리를 돕고 보호하는 존재라는 사실을 일깨워 준다.

서른세개의 계단 도서

서른세개의 계단 유튜브

서른세개의 계단 블로그

서른세개의 계단

실천적 형이상학 전문 출판사

············ □ ············

네빌고다드

전제의 법칙 (2023.4)

리액트 (2020.4)

네빌고다드 5일간의 강의 (2008.4)

세상은 당신의 명령을 기다리고 있습니다 (2009.5)

믿음으로 걸어라 (2009.11)

네빌고다드의 부활 (2009.2)

임모틀맨 (2017.12)

네빌고다드 라디오 강의 (2011.2)

상상의 힘 (2013.11)

결과에서 살기 (2025.3)

사색에만 빠진 철학은 삶과의 괴리를 만들고,
현실의 이익에만 눈을 돌린 자기계발은
삶의 의미를 잃고 방황하게 만듭니다. 그래서 실천적인 형이상학, 즉
현실에 도움이 되면서 삶의 의미를 명확하게 할 수 있는 책을
발간하고자 하는 것이 서른세개의 계단 출판사 목표입니다.
계속 좋은 책을 발간하도록 노력하겠습니다.

조셉 배너
웨이아웃 (2011.8)
웨이투킹덤 (출간예정)

조셉 머피
당신 안의 평화 (2010.3)

클레멘트 스톤
절대 실패하지 않는 성공시스템 (2012.9)

어니스트 홈즈
마음의 과학 (2013.2)

모줌다
모줌다, 왕국의 비밀
모줌다, 그리스도와의 대화